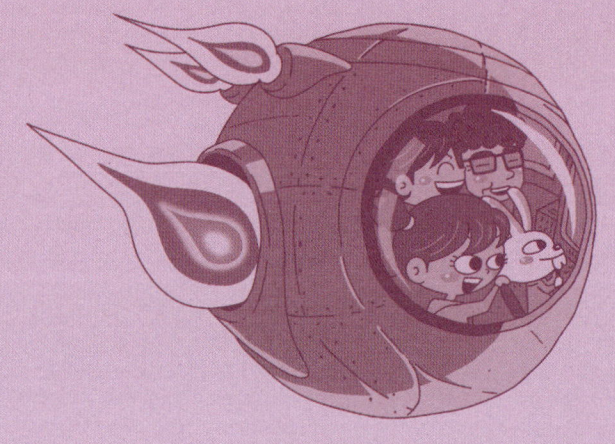

모두가 존중받는
차별 없는 세상

1판 2쇄 발행 2022년 5월 1일

글쓴이	황현우
그린이	임영제
펴낸이	이경민
펴낸곳	㈜동아엠앤비
출판등록	2014년 3월 28일(제25100-2014-000025호)
주소	(03737) 서울특별시 서대문구 충정로 35-17 인촌빌딩 1층
홈페이지	www.moongchibooks.com
전화	(편집) 02-392-6901 (마케팅) 02-392-6900
팩스	02-392-6902
전자우편	damnb0401@naver.com
SNS	

ISBN 979-11-6363-286-3 (74100)
      979-11-6363-285-6 (세트)

※ 책 가격은 뒤표지에 있습니다.
※ 잘못된 책은 구입한 곳에서 바꿔 드립니다.
※ 이 책에 실린 사진은 위키피디아, 셔터스톡에서 제공받았습니다.
  사진 출처를 찾지 못한 일부 사진은 저작권자가 확인되는 대로 게재 허락을 받겠습니다.

 KC마크는 이 제품이 공통안전기준에 적합하였음을 의미합니다.
사용 연령 : 8세 이상   제조자명 : ㈜동아엠앤비
*주의 : 책 모서리로 인한 찍힘에 주의하세요.

 도서출판 뭉치는 ㈜동아엠앤비의 어린이 출판 브랜드로, 아이들의 지식을 단단하게 만들어주고, 아이들의 창의력과 사고력을 키워주어 우리 자녀들이 융합형 창의 사고뭉치로 성장할 수 있도록 좋은 책을 만들겠습니다.

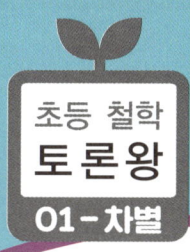

초등 철학
토론왕
01 - 차별

모두가 존중받는
차별 없는 세상

황현우 글 · 임영제 그림

차별은 왜 사라지지 않을까?

뭉치 MoongChi Books

펴내는 글

사람들은 왜 차별을 하는 걸까?
차별을 없애려면 어떻게 해야 할까?

선생님이 질문을 던지자마자 교실이 일순간에 조용해집니다. 심장은 두근두근합니다. 이때, 침묵을 깨는 선생님의 목소리. 내 이름이 아닌, 다른 누군가의 이름입니다. 휴, 내 심장은 이제야 평온을 찾습니다.

이런 경험, 모두들 해 보지 않았나요? 사람들 앞에서 말하는 것, 심지어 조리 있게 말하는 것은 쉬운 일이 아닙니다. 우리 모두는 매일 말을 하고 사는데도 말을 '잘하기'는 쉽지가 않고, 말 '잘하는' 사람도 보기가 드뭅니다. 왜 그럴까요?

말이란 인간이 서로의 생각과 감정 등을 알기 위해, 즉 기본적으로는 소통하기 위해 사용하는 도구입니다. 타인과 소통하기 위해서는 논리가 필요합니다. 핵심과 기승전결이 있어야 한다는 뜻입니다. 핵심이 뭔지 알 수 없는 말, 두서가 없는 말로는 소통을 하기가 어렵습니다. 설득은 언감생심이고요.

말에 핵심과 기승전결이 있으면 논리가 생깁니다. 논리력을 키우는 가장 효과적인 방법은 생각하는 훈련을 많이 해 보는 것입니다. 가장 쉬운 것은 언제(when), 어디서(where), 무엇을(what), 어떻게(how), 왜(why)를 따져 보는 것입니다. 이런 방식으로 현상을 보다 보면 지식이 많아지는데, 지식이 많아지면 다른 사람의 말을 들을 때 무조건 동조하거나 반대하지 않을 수가 있습니다. 비판 의식이 생기기 때문이지요.

「초등 철학 토론왕」 시리즈는 아이들이 일상 속에서 맞닥뜨릴 수 있는 철학적 질문과 호기심을 해결하면서 스스로 생각하는 힘을 키울 수 있도록 기획되었습니다. 흥미로운 이야기를 읽으며 끊임없이 생각하고 답을 찾는 사이, 철학은 고리타분한 것이라는 편견을 깰 뿐만 아니라 우리 삶을 풍요롭게 해 주는 가치와 지혜를 하나씩 배울 것입니다.

무엇보다 교과서에서는 접할 수 없는 구성으로 철학적 주제와 동화를 엮어 어린이 독자들이 논리적 사고력, 문제 해결력, 창의적 발상을 두루 경험할 수 있도록 하였습니다. 또한 폭넓은 정보를 유기적으로 연결해 설명함으로써 교과별로 조각나 있는 지식을 엮어 배경지식을 보다 탄탄하게 만들어 줍니다. 이러한 통합 교과형 구성은 국어를 기본으로 과학에서부터 역사, 지리, 사회, 예술에 이르기까지 상식과 사회에 대한 감각을 익히고 세상을 올바르게 바라보는 안목도 키워 줄 것입니다.

『모두가 존중받는 차별 없는 세상』은 미래의 동물 행성에 살고 있는 작은 토끼 레비가 타임머신을 타고 지구를 찾아오면서 이야기가 시작됩니다. 여자라서 축구를 할 수 없었던 경수와 남자라서 보석 십자수를 하다가 놀림을 받은 지상이, 육식동물의 차별과 횡포에 큰 상처를 받은 레비는 나천재 박사님과 함께 타임머신을 타고 시간 여행을 하면서 차별에 대해 배우게 되지요.

독자 여러분도 지상이와 경수, 레비의 모험을 통해 우리 삶 곳곳에 남아 있는 차별을 어떻게 개선하면 좋을지, 서로 다른 차이와 다양성을 존중하면서 함께 어우러져 살아가려면 어떻게 해야 할지 깊이 있게 생각해 보기 바랍니다.

편집부

차례

펴내는 글 4
동물 행성의 평화를 지켜라! 8

1 알게 모르게 겪고 있는 생활 속 차별 11

진짜로 원하는 걸 하고 싶어
차이와 차별, 뭐가 다른 거지?
차별 없는 세상을 찾아서!

 토론왕 되기 차별을 없애려면 모두 똑같아져야 할까?

2 차별에 맞섰던 역사적 순간들 39

여성에게 투표권과 참정권을!
피부색이 다르면 학교에 못 간다고?
소수자도 존중해야 해

 토론왕 되기 소수자들은 항상 약자일까?

3 차별을 이겨 낸 위대한 사람들 71

기회가 주어진다면 여자도 할 수 있어
왕의 총애를 한몸에 받은 노비 기술자
출신 지역으로 차별하다니, 참을 수 없어!

토론왕 되기 허난설헌과 장영실을 위한 우대 정책은 무엇일까?

4 차별을 없애기 위한 노력 99

일상 속에 여전히 남아 있는 차별
이제는 없어져야 할 차별들
차별을 법으로 막을 수 없을까?

토론왕 되기 말로 한 차별도 처벌받아야 할까?

5 달라진 우리, 달라질 우리! 125

더는 참지 않을 거야
다시 만난 레비

토론왕 되기 차별을 없애기 위해 우리가 할 수 있는 일은 무얼까?

차별에 관한 명언들 141
어려운 용어를 파헤치자! 142
신나는 토론을 위한 맞춤 가이드 143

동물 행성의 평화를 지켜라!

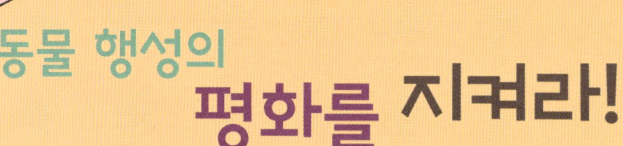

1

알게 모르게 겪고 있는 생활 속 차별

💬 진짜로 원하는 걸 하고 싶어

딩동댕동!

점심시간을 알리는 종이 울렸어요. 지상이는 친구들과 함께 점심을 맛있게 먹고 나자 마음이 바빠졌어요. 남은 시간 동안 보석 십자수를 할 생각이었거든요.

지상이는 어젯밤, 누나가 보석 십자수를 하는 모습을 우연히 보았어요. 그런데 누나의 손끝에서 완성되는 보석 십자수가 너무 멋져서 눈을 뗄 수가 없었어요. 게다가 무척 재미있어 보이기까지 했지요. 지상이는 누나 옆에 찰싹 붙어서 보석 십자수를 가르쳐 달라고 졸라 댔어요. 그렇게 보석 십자수에 푹 빠진 지상이는 시간이 가는 줄도 모른 채 집중하다가 밤 늦게 잠자리에 들게 되었어요. 미처 다 끝내지 못한 부분은 내일 학교에서 완성하기로 마음먹었지요.

지상이는 책상 위에 보석 십자수 재료를 꺼냈어요. 재료에 풀을 바른 뒤 하나하나 꼼꼼하게 붙여 가며 모양을 만들어 나갔지요. 그러자 여자아이들이 지상이 곁에 모여들었어요.

"지상아, 그게 뭐야?"

"우아, 엄청 예쁘다!"

친구들은 지상이가 만들고 있는 보석 십자수를 신기해하며 호들갑을 떨었어요.

"이건 보석 십자수야. 이렇게 보석을 하나하나 붙이면 그림이 완성돼."

그때 남자아이들 한 무리가 다가왔어요.

"야, 한지상! 그게 다 뭐냐?"

"완전히 여자애들이나 하는 짓이잖아!"

"어? 어……, 나는 그냥 예뻐서……."

"지상아, 너 여자냐? 왜 이런 짓을 하는 거야?"

"지상이는~ 여자애들이 하는 놀이~ 한대요~."

남자아이들이 깔깔대며 한목소리로 놀려 대자, 지상이는 너무 부끄러워서 얼굴이 홍당무처럼 빨개졌어요.

그때 점심시간이 끝나는 종이 울렸어요. 아이들은 모두 자기 자리로 돌아갔지요. 지상이는 큰 실수라도 한 것처럼 보석 십자수 재료를 가방에 허겁지겁 쑤셔 넣었어요.

　한편 경수네 반 아이들은 점심시간이 끝나자 체육 수업을 하러 운동장으로 뛰어나갔어요. 선생님은 남자아이들에겐 축구공을, 여자아이들에겐 피구공을 주며 각각 축구와 피구를 하라고 말씀하셨지요. 그러자 남자아이들이 환호성을 지르며 축구 골대 쪽으로 몰려갔어요.

　"오늘은 꼭 한 골 넣을 거야. 두고 봐!"

　여자아이들도 삼삼오오 떼를 지어 피구 코트 쪽으로 움직이기 시작했어요. 하지만 경수는 남자아이들을 계속 쳐다보며 그 자리에 가만히 서 있었지요.

　"경수야, 안 오고 뭐 하니?"

선생님이 경수를 보더니 고개를 갸웃하며 불렀어요.

"선생님……, 저도 축구하면 안 돼요? 전 피구보다 축구가 더 재미있거든요."

경수는 잠시 머뭇거리다가 선생님에게 솔직하게 털어놓았어요. 그러자 선생님이 깜짝 놀라며 말했어요.

"뭐라고? 하지만 경수는 여자잖아. 축구를 하다가 다칠 수도 있어. 그러니 여자 친구들이랑 피구를 하는 게 좋겠다."

경수는 너무 실망한 나머지 화가 났어요. 그래서 축구공을 있는 힘껏 발로 뻥 차 버렸지요. 공은 포물선을 그리며 저 멀리 슈웅 날아갔어요.

경수가 찬 공은 그대로 축구 골대로 빨려 들어갔어요. 주변에 있던 남자아이들이 깜짝 놀라서 멍한 얼굴로 경수를 쳐다보았지요.

1장 알게 모르게 겪고 있는 생활 속 차별

"우아! 경수 진짜 잘한다. 골인이야, 골인!"

여자아이들은 박수를 치며 경수를 추켜세웠어요. 하지만 경수는 여전히 화가 풀리지 않아 피구 코트로 쿵쿵 걸어갔지요.

차이와 차별, 뭐가 다른 거지?

학교가 끝나자 지상이와 경수는 어깨가 축 처진 채 나란히 걸었어요. 어릴 때부터 한동네에서 자란 지상이와 경수는 둘도 없는 친구였지요. 그래서 하굣길에도 꼭 붙어 다녔어요.

하교할 때면 시끌벅적 떠들기 바쁜 지상이가 오늘은 웬일인지 조용히 걷기만 했어요. 얼굴 표정도 무척 어두웠지요.

경수가 지상이의 시무룩한 표정을 힐끗거리며 물었어요.

"지상아, 무슨 안 좋은 일이라도 있어?"

"으응, 그게……."

지상이는 딱히 말할 기분이 아니어서 말끝을 흐렸어요. 그러다 이내 곧 오늘 학교에서 있었던 일을 털어놓기로 마음먹었어요. 둘은 서로에게 비밀을 만들지 않기로 약속한 사이니까요.

"오늘 반 친구들이 놀려서……."

"널 놀렸다고? 왜?"

"어젯밤에 누나랑 보석 십자수를 해 봤는데 너무 재미있는 거야. 그래서 점심시간에 마저 하려고 학교에 가져갔는데, 애들이 보더니 여자애들이나 하는 거라며 막 놀리지 뭐야."

지상이는 자신을 비웃던 친구들의 얼굴이 떠오르자 또다시 시무룩해졌어요.

"나는 그냥 보석 십자수가 좋고 예뻐서 얼른 만들고 싶었을 뿐이었는데……. 그게 그렇게 잘못한 일인가? 잘 모르겠어."

그러자 경수가 축 처진 지상이의 어깨를 토닥이며 말했어요.

"실은 나도 오늘 비슷한 일이 있었어."

지상이가 '너도?' 하는 표정으로 눈을 동그랗게 뜨자, 경수가 천천히 고개를 끄덕였어요.

"오늘 체육 시간에 선생님이 남자는 축구, 여자는 피구를 하라고 말씀하셨어. 그런데 난 피구보다 축구가 더 하고 싶었거든. 그래서 선생님께 말씀드렸는데, 내가 여자여서 축구는 위험하다고 안 된대. 난 정말 축구가 좋고, 너무너무 하고 싶었는데……."

"맞다, 경수 너 축구 엄청 잘하잖아."

지상이는 경수의 축구 실력을 익히 잘 알고 있었어요. 경수가 얼마나 속상했을까 생각하니 덩달아 속이 상했지요.

"왜 우리가 진짜로 하고 싶은 걸 못 하게 하는 걸까? 뭔가 크게 잘못한 것처럼 놀리기까지 하고 말이야."

"그러니까……, 어휴."

둘은 누가 먼저랄 것도 없이 한숨을 폭 내쉬었어요.

그때 지상이와 경수 앞에 나천재 박사님이 나타났어요.

"우리 동네 개구쟁이들이 오늘은 왜 이리 조용할까?"

"박사님!"

지상이와 경수는 한목소리로 박사님을 불렀어요. 박사님을 만나자 둘의 얼굴에 금세 웃음이 번졌어요.

나천재 박사님은 동네에서 괴짜 과학자로 소문난 분이에요. 온갖 잡동사니가 가득한 외딴 연구실에 틀어박혀 하루 종일 무언가를 만들었지요. 사람들은 평범하지 않은 나천재 박사님을 보며 수군대고 멀리했지만, 지상이와 경수는 박사님과 함께 이야기하는 게 즐겁고 마음이 편했어요. 그래서 틈만 나면 박사님의 연구실을 찾아가 시간을 보내곤 했답니다. 셋은 자연스럽게 나천재 박사님의 연구실로 향했어요.

이윽고 연구실에 도착하자 나천재 박사님이 지상이와 경수를 걱정스런 눈빛으로 바라보다 물었어요.

"그나저나 너희들 표정이 많이 어둡구나. 무슨 일 있었니?"

"박사님, 사실은 저희가 기분이 좀 안 좋아요."

지상이와 경수는 학교에서 있었던 일을 자세히 설명했어요.

"으음, 너희 둘 다 오늘 큰 차별을 겪었구나."

나천재 박사님이 안타까운 얼굴로 말했어요.

"차별이요?"

지상이와 경수가 동시에 물었어요.

"차별이라는 말을 많이 듣긴 했는데……."

"그런데 생각해 보니 그 뜻을 정확히 모르는 것 같아."

지상이와 경수가 고개를 갸웃거리며 박사님을 빤히 쳐다보자, 박사님이 차별의 뜻을 설명해 주었어요.

"차별이란 서로 다른 차이를 이유로 불이익을 주는 것을 말한단다."

"음……. 무슨 말인지 확 와닿지 않네요."

"지상이는 보석 십자수가 여자들이 하는 것이라고 놀림받았고, 경수는 축구가 남자들이 하는 운동이어서 거부당했다며? 그 게 바로 차별이 아니고 뭐냐. 남자 혹은 여자라는 이유로 무언 가를 못 하게 하는 것도 차별이란다. '넌 남자니까, 넌 여자니까 이건 하면 안 돼.'라고 말하면서 불이익을 주는 거지."

지상이와 경수는 그제야 고개를 끄덕였어요.

"아하! 그게 바로 차별이구나."

"박사님, 그럼 제가 분홍색 옷을 입었을 때 아이들한테 놀림을 받은 것도 차별이겠네요?"

지상이가 몸을 앞으로 내밀며 나천재 박사님에게 물었어요.

"그렇지! 남자라고 해서 분홍색 옷을 입지 못할 이유는 없단다. '남자는 이래야 해, 여자는 저래야 해.'라고 생각하는 고정 관념도 성차별 중 하나거든."

"하지만 박사님, 여자랑 남자가 다른 건 사실이잖아요."

경수가 여전히 헷갈린다는 듯이 말했어요.

"그건 차별이 아니라 차이란다. '서로 같지 않고 다른 것'을 차이라고 해. 지상이와 경수는 남자와 여자라는 차이가 있지."

나천재 박사님은 잠시 말을 멈추더니 찬장에서 쿠키를 꺼내 왔어요.

"그런데 경수야, 내가 남자와 여자라는 차이를 이유로 들면서 지상이에게만 쿠키를 준다면 넌 기분이 어떨까?"

나천재 박사님이 쿠키를 지상이에게 건네며 빙긋이 웃었어요.

"박사님, 그런 게 어딨어요? 저도 먹고 싶어요!"

경수가 얼굴을 찌푸리며 볼멘소리를 하자, 나천재 박사님이 등 뒤에 숨기고 있던 쿠키를 경수 손에 쥐어 주었어요.

"자, 이렇게 남자와 여자라는 차이를 들먹이며 어느 한쪽에게 불이익을 주면 안 되겠지? 이게 바로 차별이란다. 차이는 말 그대로 그냥 다른 것일 뿐인데 그걸 가지고 불이익을 주면 차이가 아니라 차별이 되는 거지."

"차별은 정말 나쁜 거네요!"

경수가 씩씩거리자 지상이도 맞장구쳤어요.

"맞아. 나도 쿠키를 못 먹었으면 엄청 짜증 났을 거야."

지상이와 경수는 입안 가득 쿠키를 먹으며 환하게 웃었어요.

차이 VS 차별

차이는 서로 같지 않고 다르다는 뜻이에요. '남자와 여자', '백인과 흑인', '동물과 식물', '나와 너'같이 이 세상의 모든 것들은 저마다 다른 성질과 성향을 지니고 있어요.

차별은 둘 이상의 대상을 차이를 두어서 구별하는 거예요. 따라서 차별은 다르다는 이유로 대우를 달리하는 것을 말해요. 이러한 다른 대우 때문에 불평등이 생기는 것이랍니다.

💬 차별 없는 세상을 찾아서!

경수는 쿠키를 먹다 말고 곰곰 생각에 잠겼어요. 지상이는 그런 경수를 보자 장난이 치고 싶어졌지요. 지상이는 멍하니 생각에 잠긴 경수의 쿠키를 얼른 낚아채 입에 쏙 넣었어요.

그때 경수가 소리를 꽥 질렀어요.

"그래, 맞아!"

"윽, 깜짝이야!"

지상이는 경수의 갑작스런 외침에 놀라 저도 모르게 쿠키를 뱉었어요. 하지만 경수는 지상이에게 눈길 한 번 주지 않은 채 나천재 박사님에게 말했어요.

"박사님, 생각해 보니까 저도 차별을 했던 것 같아요. 학교 친구 중에 엄마가 필리핀 사람인 아이가 있었는데요, 얼굴도 좀 까맣고 혼혈인 친구는 처음 만나 봐서 어떻게 대해야 할지 모르겠더라고요. 그래서 저도 모르게 그 친구를 멀리했어요."

"그러고 보니 우리 할머니는 여동생 몰래 나한테만 불고기 반찬을 주셨어. 내가 우리 집안 장남이라고."

나천재 박사님은 빙그레 웃으며 둘의 머리를 쓰다듬었어요.

"그래, 맞다. 이렇게 차별은 우리 생활 곳곳에 알게 모르게 존재하고 있단다."

"예전엔 이런 게 차별인 줄 몰랐어요."

"맞아. 난 그것도 모르고 불고기를 맛있게 먹었어……."

"이젠 차별이 나쁘다는 걸 알겠어요. 그럼 우리가 어떻게 하면 차별을 없앨 수 있어요?"

나천재 박사님은 사뭇 진지한 태도로 묻는 지상이와 경수가 무척 대견스러웠어요. 그래서 차별에 대해 자세히 들려주려고 목청을 가다듬었지요.

바로 그때였어요. 무언가가 폭발하듯이 엄청나게 큰 소리가 났어요. 지상이와 경수는 화들짝 놀라 비명을 지르면서 몸을 한껏 웅크렸어요. 나천재 박사님은 눈을 꼭 감은 채 벌벌 떨고 있는 지상이와 경수를 낚아채 재빨리 책상 밑으로 피했지요.

다음 순간, 이상한 소리가 들리면서 연구실 한쪽 구석에서 밝은 빛이 뿜어져 나오기 시작했어요.

"어! 저것 봐!"

"너무 눈부셔!"

곧이어 쿵! 소리와 함께 하얀 연기가 자욱하게 피어올랐어요. 나천재 박사님과 아이들은 콜록콜록 기침을 하며 책상 밑에서 나왔어요. 연구실 한가운데에는 난생처음 보는 동그란 기계가 떡하니 서 있었지요.

"박사님, 이상한 기계가 나타났어요!"

경수가 조심스레 다가가려 하자 나천재 박사님이 막아섰어요.

"경수야, 잠깐! 위험할지도 모르니 내가 먼저 확인해 볼게."

경수는 고개를 끄덕이며 뒤로 물러섰고, 지상이도 경수 등 뒤에 서서 가만히 숨을 죽였어요.

나천재 박사님은 크게 심호흡을 한 뒤 천천히 기계 쪽으로 다가갔어요. 그 순간, 기계의 문이 덜컹 열리면서 또다시 환한 빛이 쏟아져 나왔어요. 이어 우주복처럼 생긴 슈트를 입은 토끼가 두 발로 걸어 나오더니 이상한 말을 쉴 새 없이 했어요. 하지만 세 사람은 도통 알아들을 수 없었지요.

"세상에, 토끼잖아!"

"그런데 토끼가 우주복 같은 옷을 입고 있어!"

토끼는 입을 꾹 다물더니 나천재 박사님과 지상이, 경수를 차례차례 쳐다보았어요. 그러다 무릎을 탁 치고는 얼른 우주복에 있는 버튼 몇 개를 꾹꾹 눌렀어요.

"아아! 혹시 내 말 들려?"

토끼가 사람처럼 말을 하자 경수와 지상이는 깜짝 놀라서 뒷걸음질을 했어요.

"헉, 토끼가 말을 해!"

"대체 이게 무슨 일이지?"

"아, 안녕. 내 이름은 레비야. 나 좀 도와줄 수 있어?"

레비는 손을 흔들며 자신을 소개했어요.

지상이와 경수는 바로 눈앞에서 벌어진 광경을 도저히 믿을 수 없었어요. 하지만 마음을 가라앉히고 레비에게 손을 흔들며 인사를 건넸어요.

"안녕, 나는 지상이고 얘는 경수야. 여기는 나천재 박사님!"

"그런데 넌 어디서 온 거야? 갑자기 하늘에서 뚝 떨어졌잖아!"

경수가 여전히 얼떨떨한 표정으로 레비에게 물었어요.

"난 동물 행성에서 왔어."

"동물 행성? 그건 어디 있는 거야?"

"조금 먼 미래에 그리고 조금 먼 우주에 있지."

하지만 지상이와 경수는 레비가 하는 말을 전혀 이해할 수 없었어요. 그사이 나천재 박사님은 눈을 휘둥그렇게 뜬 채 레비가 타고 온 기계를 유심히 살폈어요.

"오……, 그렇다면 이건 혹시……, 타임머신이니?"

나천재 박사님이 묻자, 레비가 대답했어요.

"네, 맞아요. 지금 이곳 지구에는 없지만 정확히 60년 후에 박사님의 손자 나영재 박사님이 타임머신을 발명한답니다."

"그게 정말이니? 하하하. 얼굴은 모르지만 내 손자가 이렇게 멋진 타임머신을 발명하다니 정말 자랑스럽구나."

나천재 박사님은 진심으로 기뻐했어요. 레비는 그런 박사님을 보며 환하게 웃다가 아차 하는 표정으로 다급하게 말했어요.

"박사님, 사실은 이렇게 기뻐하고 있을 시간이 없어요. 저는 아주 중요한 임무를 수행하기 위해 타임머신을 타고 온 거예요. 제 임무는 육식동물들에게 차별받는 초식동물들을 구해 내는 거랍니다."

레비는 그동안 동물 행성에서 벌어진 일들에 대해 자세히 설명했어요.

동물 행성은 육식동물들과 초식동물들이 평화롭게 살아가던 아주 큰 행성이었어요. 그런데 언제부턴가 육식동물들이 힘을 앞세워 초식동물들을 지배하기 시작했지요. 그때부터 초식동물들은 자유를 빼앗긴 채 노예처럼 비참한 삶을 살게 되었고, 육식동물들은 초식동물들의 희생 덕분에 편하게 먹고살게 되었어요. 그러다 더는 참을 수 없다고 생각한 초식동물들이 한 가지 계획을 세웠어요. 바로 다른 행성에서 차별을 없애는 방법을 배워 와 육식동물들에게 대항하기로 한 거예요. 그 결과 레비가 초식동물들을 대표해 나영재 박사님의 타임머신을 타고 지구로 오게 된 것이었지요.

"박사님, 어떻게 하면 우리 동물 행성에서 차별을 몰아내고 평화를 되찾을 수 있을까요?"

"그런 일이 있었구나. 마침 잘됐다. 우리도 그 문제에 대해 얘기하고 있었거든!"

"아, 정말요?"

레비의 얼굴에 희망의 빛이 감돌았어요. 옆에서 가만히 듣고 있던 지상이와 경수도 레비에게 다가와 손을 잡아 주었어요.

"레비, 나천재 박사님이 분명 널 도와주실 거야. 우리도 힘을 보탤게. 함께 방법을 찾아보자!"

레비는 진심으로 걱정해 주는 지상이과 경수가 정말 고마웠어요. 그래서 고개를 힘차게 끄덕이며 환하게 웃어 보였지요.

"그럼 차별을 없애는 방법을 어떻게 알려 주면 좋을까?"

나천재 박사님은 잠시 생각하더니 곧바로 손뼉을 치며 큰 소리로 외쳤어요.

"다 함께 시간 여행을 하면서 차별에 대해 배우면 되겠다!"

"시간 여행이요? 그게 가능해요?"

1장 알게 모르게 겪고 있는 생활 속 차별

지상이와 경수가 눈을 동그랗게 뜨고 물었어요.

"그럼! 레비가 타고 온 저 타임머신이 있잖니! 레비, 우리가 타임머신을 타도 될까?"

나천재 박사님이 레비를 돌아보며 물었어요.

"당연히 되지요. 같이 타임머신을 타고 차별에 대해 배우면 좋을 것 같아요."

레비가 환하게 웃으며 고개를 끄덕이자, 지상이와 경수는 너무 신나서 팔짝팔짝 뛰었어요.

"우아, 신난다! 저희도 대찬성이에요!"

"자, 그럼 과거로 날아가 차별의 역사를 배워 보자. 과거는 미래를 비추는 거울이니까."

"좋아요. 그럼 얼른 타임머신에 타요."

지상이와 경수는 빨리 시간 여행을 하고 싶어서 부리나케 타임머신 앞으로 달려갔어요. 그러자 나천재 박사님이 지상이와 경수의 팔을 낚아채며 멈춰 세웠지요.

"얘들아, 진정하렴. 타임머신을 타기 전에 먼저 우리가 어디로 가면 좋을지 생각해 보자."

나천재 박사님의 말에 지상이와 경수는 얼른 고개를 끄덕이며 얌전하게 기다렸어요.

"아까 경수가 그랬지? 차별인 줄 몰랐는데 그게 바로 차별이었다고. 아주 멀리 갈 필요 없이 100년 전 미국으로 가자. 그때만 해도 여자들은 정치에 참여할 수 없었거든."

"그러니까 대통령이나 국회의원 같은 사람들이 하는 정치를 말씀하시는 거예요?"

지상이가 물었어요.

"그래. 현재는 전 세계에 여성 지도자들이 많이 있지만 100년 전만 해도 여자는 정치인이 될 수 없었고, 심지어 정치인을 뽑는 투표도 할 수 없었단다."

"대체 왜요? 단지 여자라는 이유만으로요?"

경수는 이해할 수 없다는 얼굴로 나천재 박사님에게 따지듯이 물었어요.

"안타깝지만 그렇단다. 당시 사람들은 그걸 당연하게 여겼어. 정치는 남자들만 할 수 있는 일이라는 고정 관념이 있었지."

"어서 가서 제 눈으로 직접 보고 싶어요!"

"어떤 과정을 통해 여자들이 드디어 정치에 참여할 수 있게 되었는지 너무 궁금해요!"

지상이와 경수가 잔뜩 흥분해서 말했어요.

그사이 레비는 타임머신으로 가서 자신이 입고 있는 슈트와 똑같은 옷 세 벌을 꺼내 왔어요.

"박사님, 이 슈트를 입으세요. 그러면 다른 시대에 도착하는 순간, 그 시대에 알맞은 옷차림으로 곧장 바뀔 거예요. 경수야, 지상아. 이건 너희들 거야."

잠시 뒤, 슈트로 갈아입은 세 사람은 레비와 함께 타임머신 앞에 섰어요. 경수는 자신이 꼭 영화 속 주인공이 된 것 같아 기분이 좋았어요.

"자, 모두 준비됐니?"

"네!"

나천재 박사님이 묻자 지상이와 경수, 레비가 큰 소리로 대답했어요. 다음 순간, 동그란 타임머신의 문이 열리고 반짝이는 빛이 한가득 뿜어져 나왔어요. 레비는 조종석, 나천재 박사님은 부조종석에 앉았지요. 경수와 지상이는 바로 뒤쪽 보조석에 자리를 잡았어요. 타임머신 내부는 난생처음 보는 신기한 기계와 장치들로 가득했어요.

"자! 100년 전 미국으로 출발하기 전에……."

나천재 박사님은 레비의 도움을 받아 여행을 떠날 시대와 장소를 설정하고는 지상이와 경수를 돌아보았어요.

"둘 다 안전띠부터 하렴."

지상이와 경수는 재빨리 안전띠를 착용하고 눈을 반짝이며 타임머신이 출발하기를 기다렸어요.

"자, 이제 출발하겠습니다!"

레비가 타임머신의 레버를 당기자 쿵! 하는 소리와 함께 빛이 번쩍거렸어요. 곧이어 타임머신은 한 치 앞도 보이지 않는 시커먼 어둠 속으로 빨려 들어갔어요.

미디어 속 성차별과 성의 전형화

우리가 즐겨 보는 TV 프로그램에서도 성차별을 쉽게 찾아볼 수 있어요. 2018년 한국양성평등교육진흥원의 조사에 따르면, 33개의 예능 오락 프로그램 출연자 중 남성이 63.2%로 36.8%인 여성에 비해 압도적으로 많았어요. 특히 진행자는 남성이 73.2%로 여성보다 3배나 많았지요. 이 조사를 통해 남성이 TV 프로그램을 주도하고 있다는 것을 확실히 알 수 있었어요.

한편 TV 드라마나 영화 속 남자 주인공들은 대개 능력 있고 부유하며, 자신의 힘으로 어려움을 이겨 내요. 반면 여자 주인공들은 예쁘게 차려 입는 것을 좋아하고 남자 주인공에게 의존하는 모습을 보이는 경우가 많지요. 이러한 내용을 반복적으로 시청하다 보면, 알게 모르게 여성과 남성에 대한 편견과 고정 관념이 생기게 돼요. 이를 '**성의 전형화**'라고 한답니다. 이는 자칫 성차별로 이어질 수 있기 때문에 프로그램을 만드는 제작자와 이를 시청하는 사람들 모두 세심한 주의가 필요해요.

다행히 최근에는 성평등 의식이 높아져 TV 프로그램에서도 성차별적 요소가 많이 줄어들었어요. 이제는 여자 경찰이 사건을 해결하고, 아빠가 전적으로 육아를 담당하는 모습이 전혀 낯설지 않지요. 이처럼 여성과 남성의 일이 따로 정해져 있는 것은 아니에요. 누구나 자신이 원하는 일을 할 수 있답니다.

여자라고 못 할 건 없지!

요즘 영화나 드라마를 보면 주도적으로 자신의 삶을 개척해 나가는 용감한 여자 주인공들을 많이 만날 수 있어요. 애니메이션 〈겨울왕국〉의 엘사 여왕처럼요. 하지만 이는 비단 영화나 드라마에만 국한되는 이야기는 아니에요. 오랜 역사가 이어지는 동안 셀 수 없이 많은 여성들이 각자의 자리에서 사회적 편견과 차별에 당당히 맞서 왔지요. 여성의 진짜 힘을 보여 주었던 멋진 사람들의 이야기를 읽어 보세요.

방사능 연구의 선구자
마리 퀴리

마리 퀴리는 뛰어난 학생이었지만, 당시 폴란드에는 여성을 받아 주는 대학이 없어 프랑스 소르본 대학으로 유학을 가게 됩니다. 이후 라듐을 발견해 여성 최초로 노벨 과학상까지 받았지만 평생을 여성, 이방인이라는 편견 속에서 살아야 했지요. 그러나 마리는 죽는 날까지 과학자로서 인류를 위해 많은 공헌을 했답니다.

시민권 운동의 어머니
로자 파크스

미국 앨라배마주에 살고 있던 지극히 평범한 여성 로자 파크스는 1955년 버스 안에서 흑인이라는 이유만으로 백인에게 자리를 양보하라고 강요받자, 더는 참지 않았어요. 인간의 권리와 존엄성이 짓밟힐 때 "아니오!"라고 말했던 로자의 용기 덕분에 '버스 승차 거부 운동'이 시작되었지요. 1년 남짓 이어진 버스 승차 거부 운동은 결국 버스에서의 흑백 차별을 폐지시키게 됩니다.

여성 교육의 상징
말랄라 유사프자이

1997년 파키스탄에서 태어난 말랄라는 열한 살 때 여성교육운동을 시작했어요. 탈레반 테러리스트가 여성들의 교육권을 빼앗자 BBC 웹사이트에 파키스탄의 상황을 알리고 뉴욕 다큐멘터리에 출연하는 등 여성 교육권을 위해 앞장섰지요. 결국 탈레반의 표적이 된 말랄라는 하굣길에 총격을 당하지만 꿋꿋하게 교육운동을 이어 갔고, 그 공로로 2014년 노벨 평화상을 받았답니다.

성차별에 맞선 법조인
루스 베이더 긴즈버그

1933년 미국 뉴욕의 유대계 집안에서 태어난 긴즈버그는 어린 시절부터 성차별과 남성 중심주의에 큰 상처를 받았어요. 로스쿨을 수석으로 졸업할 만큼 뛰어났지만 여자, 엄마, 유대인이라는 장애물에 번번이 가로막혔지요. 하지만 부단히 노력한 끝에 변호사로서 실력을 인정받았고, 1972년 컬럼비아 대학교 로스쿨 최초의 여성 종신 교수가 되었어요. 그리고 마침내 1993년 미국 최초의 유대계 여성 대법관이 되었답니다.

한국 최초의 여성 비행사
권기옥

권기옥은 열일곱 살에 미국인 아트 스미스의 곡예비행을 보고 비행사의 꿈을 키웠어요. 이후 삼일 운동에 참여했다가 상하이로 망명했고, 일왕궁을 폭파하겠다는 일념으로 윈난항공학교에 입학했어요. 고된 훈련을 통과한 권기옥은 여러 항일 전쟁에 참전하면서 조국의 독립을 위해 헌신했지요. 순종과 희생을 여성의 미덕으로 여기던 암울한 시대였지만 진취적인 삶을 살았던 권기옥은 오늘날 독립운동가로 높이 평가받고 있어요.

토론왕 되기

> 차별을 없애려면 모두 똑같아져야 할까?

얘들아, 너희 둘 다 차별받은 적이 있다고 했지?

 응, 애들이 나보고 남자애가 보석 십자수를 한다고 놀렸어.

나는 여자라서 축구를 할 수 없었어.

그럼 지구에 사는 사람들 모두가 똑같아진다면 차별이 사라지지 않을까?

 남자와 여자가 똑같아진다고?

하긴 모두 똑같아서 차이가 없으면…….

 차별도 없겠네!

내 말이 바로 그거야. 그러니까 차별을 없애기 위해 모두 똑같아지는 거지.

 하지만 어떻게 똑같아질 수 있겠어? 당장 나와 경수만 봐도 너무 다른데!

맞아. 하고 싶은 일, 좋아하는 것, 잘하는 것 모두 달라.

 나는 그림 그리는 걸 좋아하고 경수는 운동을 좋아해. 그래서 나는 디자이너가 꿈이고 경수는 운동선수가 되고 싶어 해.

맞아. 모두가 똑같아질 순 없어. 살아온 환경도 생각하는 것도 모두 다르니까.

그럼 '차이'는 꼭 필요한 거 아냐? 차이 덕분에 너희 둘 다 각각 특별함을 가지고 있잖아.

 그렇지. 내가 다른 사람과 무언가 다르다면, 그건 바로 내 개성이고 나만이 가진 특별함이라고 할 수 있겠다.

맞아. 하지만 똑같아져야 하는 것도 있어. 예를 들면 '기회' 같은 거. 달리기 시합을 한번 생각해 봐. 우리는 저마다 뛰는 속도나 뛰는 동작이 달라. 하지만 이건 차이일 뿐 이걸로 차별해선 안 돼. 그러니까 시합에 참여하고 싶은 사람 모두에게 기회를 줘야 해.

 그런데 만약 가난하다는 이유로, 성별이 다르다는 이유로 달리지 못하게 하거나 달리기 시작점을 다르게 한다면 그건 차별인 거지.

그렇구나.

 나천재 박사님의 한마디

사람들은 각자 살아온 환경과 개성이 다르기 때문에 모두 똑같아질 수 없어. 따라서 차별을 없애기 위해서는 저마다의 개성과 다양성을 존중해 주는 동시에 모두에게 기회가 똑같이 주어져야 한단다.

우리 주변을 찬찬히 살펴보면 생각보다 쉽게 차별을 발견할 수 있어요. 다음은 지상이 반 친구들에요. 이 가운데 차별이 아닌 '차이'를 말한 친구는 누구인가요?

❶ 태형: 나는 남자니까 파란색 옷을 입어야 해. 내 동생은 여자니까 분홍색 치마!

❷ 지민: 아기는 여자만 낳을 수 있어. 남자는 못 낳아.

❸ 정국: 남자가 울면 쓰나! 남자는 일생 동안 딱 세 번만 울 수 있어.

❹ 남준: 우리 이모는 마흔 살인데 아직 결혼 안 했어. 그래서 외할머니가 여자가 남편 없이 어떻게 살 거냐고 맨날 잔소리하셔.

❺ 호석: 너는 여자애가 무슨 힘이 그렇게 세냐? 완전 장사다, 장사.

정답과 해설

❷ 지민
아기가 몸속 특정 장기 안에서 자라다 태어나는 것은 남자와 여자의 신체 차이로 인해 생기는 차이랍니다.

차별에 맞섰던 역사적 순간들

💬 여성에게 투표권과 참정권을!

"콜록콜록!"

지상이는 연신 기침을 해 대며 희뿌연 연기를 휘휘 저었어요. 지상이는 어느새 타임머신 슈트가 아닌 1900년대 초 미국 사람들이 입던 옷차림을 하고 있었지요. 그런데 주위를 아무리 둘러봐도 나천재 박사님과 레비, 경수가 보이지 않았어요.

"박사님! 경수야! 레비!"

지상이는 큰 소리로 일행을 계속 찾았어요.

그때 어디선가 경적이 울리더니 기차가 점점 가까워지는 소리가 들렸어요.

뿌우우! 뿌뿌우!

지상이를 괴롭혔던 연기는 바로 전차에서 뿜어져 나오는 매

캐한 연기였지요. 조금 뒤 연기가 옅어지자 눈앞에 놀라운 풍경이 펼쳐졌어요.

"우아! 미국이다!"

지상이는 텔레비전에서 봤던 1900년대 초 미국 도시의 번화한 거리를 직접 보게 되자 저도 모르게 환호성을 질렀어요.

그때 지상이와 비슷한 또래의 여자아이가 다가왔어요.

"안녕?"

"어……, 안녕."

지상이는 타임머신 슈트에 장착된 자동 통역기 덕분에 여자아이와 대화를 할 수 있었어요.

"난 애니라고 해."

"안녕, 애니. 내 이름은 지상이야."

"지상? 이름이 특이하다."

애니가 싱긋 웃으며 지상이에게 종이 한 장을 건넸어요.

"그럼 또 보자."

애니는 손을 흔들며 곧 군중 속으로 사라졌어요. 지상이는 태어나서 처음 만난 외국인 친구가 너무 신기했지요. 그때 저 멀리서 레비와 나천재 박사님이 지상이를 발견하고는 헐레벌떡 뛰어왔어요.

"지상아! 여기 있었구나."

나천재 박사님과 레비도 어느새 1900년대 초 미국인처럼 차

려입고 있었어요.

"다행히 100년 전 미국 워싱턴에 잘 도착한 것 같다."

나천재 박사님이 시계를 들여다보며 말했어요.

그런데 경수는 어디에도 보이지 않았어요.

"경수는요? 같이 있었던 거 아니에요?"

지상이가 나천재 박사님에게 물었어요.

"아니, 우리도 지금껏 너와 경수를 찾고 있었어. 타임머신이 시공간을 통과할 때 엄청난 저항을 받아서 그런지 탑승자의 도착 지점이 제각각 다른 것 같다."

"얼른 경수를 찾아봐요!"

레비의 말에 나천재 박사님과 지상이는 경수의 이름을 부르며 여기저기 뛰어다녔어요.

그때 레비가 지상이가 들고 있던 종이를 보더니 물었어요.

"지상아, 손에 든 게 뭐야?"

레비는 종이를 채 가더니 큰 소리로 읽었어요.

"여성에게 투표권을! 이게 무슨 소리야?"

"아까 애니라는 여자아이가 나한테 줬어. 박사님이 알려 주셨던 것처럼 지금 이 시대는 여자가 투표할 수 없나 봐."

"박사님, 정말이에요?"

레비가 나천재 박사님을 돌아보며 물었어요.

"음, 애니라는 그 여자아이가 우리에게 뭔가를 가르쳐 줄 수 있을 것 같구나. 경수를 찾는 대로 곧장 애니도 찾아보자."

하지만 낯선 미국 땅에서 경수를 찾는 일은 쉽지 않았어요. 게다가 사람들이 가득한 거리를 쉴 새 없이 돌아다니다 보니 지상이는 눈이 핑글핑글 도는 것 같았지요.

바로 그때, 애니의 종이에 쓰여 있던 문구를 외치는 목소리가 들려왔어요.

"여성에게 투표권을! 여성에게 투표의 자유를!"

레비는 귀를 쫑긋하며 소리 나는 쪽을 찾아 두리번거렸어요. 지상이도 귀를 기울이며 주변을 연신 살폈지요. 그러다 팻말을

2장 차별에 맞섰던 역사적 순간들

들고 시위 중인 수많은 사람들을 발견했어요.

"앗! 저기 사람들이 모여 있어."

"정말이네. 얼른 가 보자!"

지상이와 레비는 시위대를 향해 재빨리 달려갔어요. 나천재 박사님도 헉헉거리며 그 뒤를 쫓아갔지요.

"아이고, 힘들다. 얘들아, 같이 가자!"

지상이 일행이 도착한 곳은 텔레비전 뉴스에서 많이 보았던 백악관 앞이었어요. 길 건너편에는 수많은 여성들이 팻말을 들고 함께 구호를 외치며 시위를 하고 있었지요.

"여성에게 투표권을! 여성에게 참정권을!"

지상이는 군중 속에서 큰 팻말을 열심히 흔들고 있는 애니와

그 옆에서 함께 구호를 외치고 있는 경수를 발견했어요.

"어? 저기 애니랑 경수가 같이 있어. 경수야! 여기야, 여기!"

지상이가 큰 소리로 경수를 부르자, 애니와 경수가 지상이를 보고는 환하게 웃으며 반갑게 손을 흔들었어요. 조금 뒤 경수와 애니가 길을 건너 지상이 일행에게 다가왔어요.

"지상, 여기서 또 보네."

애니가 반가운 얼굴로 말했어요.

경수는 일행을 다시 만나자 무척 흥분한 얼굴로 호들갑을 피우며 말했어요.

"지상아, 미국에서 널 만나니 무지 반가운걸! 박사님, 1900년대 초의 미국에 와 있다니 정말 너무 신기해요!"

"그렇지? 아무튼 널 찾아서 다행이다. 게다가 애니도 너랑 같이 있었다니 참 놀라운 인연이구나. 사실 너와 애니 둘 다 같이 찾고 있었거든."

"저를 찾고 계셨다고요?"

나천재 박사님의 말에 애니가 고개를 갸웃거리며 물었어요.

그때 레비가 애니에게 손을 내밀며 수줍게 인사를 건넸어요.

"안녕! 나는 레비라고 해."

"그래, 반가워. 난 애니야."

"레비, 애니가 토끼인 널 보고도 놀라지 않네?"

지상이가 레비의 귀에 대고 소곤거렸어요.

2장 차별에 맞섰던 역사적 순간들

"다 이 타임머신 슈트 덕분이야."

레비가 타임머신 슈트를 톡톡 치며 씩 웃었지요.

나천재 박사님이 말을 이었어요.

"애니, 우리는 차별에 대해 알아보려고 여기 왔단다. 그래서 지상이에게 이 전단지를 주었던 너에게 지금 무슨 일을 하고 있는지 듣고 싶었어. 분명 우리에게 많은 도움이 될 거야."

지상이도 애니를 보며 한마디 덧붙였어요.

"여기서는 여자가 정치에 참여할 수 없다며?"

"여기라니? 박사님이랑 너희는 대체 어디에서 온 거야?"

애니가 궁금해하자, 지상이와 경수는 서로를 바라보며 멋쩍게 웃었어요.

"아, 그러니까 그게……. 조금 멀리서 왔어. 하하하."

"그래서 이름이 특이했구나! 너희 말이 맞아. 여기 미국은 여성이 정치에 참여할 수 없고 투표도 할 수 없어. 그래서 우리가 바꿔 보려고 열심히 노력 중이야. 그건 정말 부당한 일이니까."

"맞아, 그건 여성에 대한 차별이야!"

경수가 나천재 박사님에게 배운 것을 자신 있게 말하고는 뿌듯한 얼굴로 박사님을 돌아보았어요.

"그래, 정치는 남자들만 하는 것이라고 생각하다니 이건 명백한 차별이야. 사회 구성원이라면 누구나 정치에 참여할 수 있는 건데 말이야. 다행히 많은 주에서 여성의 참정권을 인정하기 시작했어. 그래도 우리는 여성 참정권을 인정하는 헌법 수정안이 통과될 때까지 계속 시위할 거야."

애니는 나이는 어렸지만, 누구보다 의지가 강하고 확고했어요. 지상이와 경수는 차별에 당당히 맞서는 애니의 모습에 큰 감명을 받았어요.

"애니, 너의 바람이 꼭 이뤄질 거야!"

"모두가 힘을 합쳐 부당한 일에 맞서고 목소리를 높인다면 여성도 한 나라의 지도자가 될 수 있는 날이 분명 올 거야!"

지상이와 경수는 애니의 손을 꼭 잡으며 말했어요.

"얘들아, 정말 고마워!"

그때 누군가가 길 건너편 백악관 앞에서 애니를 불렀어요.

"애니! 여기 좀 도와줘."

"얘들아, 나 그만 가 봐야 할 것 같아. 그리고 너희들이 원하

투표권과 참정권

투표권은 말 그대로 투표를 할 수 있는 권리예요. 참정권은 국민이 정치에 직접 또는 간접으로 참여할 수 있는 권리지요. 우리나라는 일제 강점기가 끝나고 임시정부가 출범한 1948년에 남자와 여자 모두에게 참정권이 주어졌답니다.

는 것을 꼭 알아내길 바랄게. 안녕!"

애니는 아쉬운 얼굴로 지상이 일행에게 작별 인사를 했어요.

"그래, 고마워. 너도 몸조심하고!"

지상이 일행은 애니와 아쉬운 이별을 한 뒤 다시 타임머신으로 돌아왔어요.

"기록 완료. 이곳에서 얻을 수 있는 자료는 다 모았어."

레비는 타임머신 컴퓨터에 1900년대 초 미국 워싱턴의 모습을 저장했어요.

"이제 어디로 가야 해요?"

지상이와 경수, 레비는 일제히 나천재 박사님을 보았어요.

"약 50년 후에 여기 미국에서 '리틀록의 위기'라고 불리는 아주 큰 사건이 일어난단다. 그때로 가서 직접 겪어 보면 많은 것을 느낄 수 있을 거다."

"사건 이름만 들어도 뭔가 무서운데요."

지상이와 경수, 레비는 서로를 바라보며 불안해했어요.

"미국은 다양한 인종과 민족으로 이루어진 나라란다. 그래서 인종 차별이 심했고 그로 인해 다툼도 많이 일어났단다. '리틀록의 위기'는 말도 안 되는 차별을 받았던 흑인 학생들의 이야기야. 자, 이제 1957년 미국의 아칸소주에 있는 도시 리틀록으로 떠나 보자."

"네, 좋아요!"

모두 안전띠를 매고 출발 준비를 마쳤어요.

"자, 간다. 다들 꽉 잡아!"

레비가 레버를 당기자 빛이 번쩍하면서 또다시 시커먼 어둠 속으로 빨려 들어갔어요.

💬 피부색이 다르면 학교에 못 간다고?

빠아아아앙!

별안간 버스 경적 소리가 요란하게 울렸어요. 지상이는 화들짝 놀라 재빨리 몸을 피했지요. 곧이어 노란색 스쿨버스가 쌩 하고 곁을 지나쳐 갔어요. 버스에 타고 있던 아이들이 창밖으로 고개를 내밀더니 넋이 나간 표정으로 서 있는 지상이를 보며 까르르 웃어 댔어요. 지상이 바로 옆에는 '리틀록(Little Rock)'이라고 적힌 팻말이 세워져 있었어요.

"리틀록에 제대로 도착했구나!"

지상이가 팻말을 보며 중얼거렸어요. 그런데 이번에도 나천재 박사님과 경수, 레비는 보이지 않았어요.

그때 저 멀리서 군인 두 명이 지상이를 향해 빠르게 걸어왔어요. 이윽고 가까이 다가온 군인 중 한 명이 말을 걸었어요.

"꼬마야, 어디 가는 거니? 그런데 황인종은 처음 보네……."

"아, 이곳에 여행을 왔어요. 그리고 만나기로 한 친구들을 찾고 있는 중이에요."

지상이는 군인들이 어깨에 메고 있는 총을 흘낏거리며 침을 꿀꺽 삼켰어요.

"그렇구나. 친구들을 찾으면 얼른 숙소로 들어가라. 요즘 이곳 리틀록이 매우 위험해서 말이다. 특히 리틀록 센트럴 고등학교 쪽은 가지 마라. 그럼 조심히 가렴."

군인들은 그렇게 말한 뒤 올 때처럼 빠른 걸음으로 총총 멀어졌어요.

"리틀록 센트럴 고등학교에는 가지 말라고? 그곳에 가면 박사님과 친구들을 만날 수 있지 않을까? 그래, 얼른 가 보자."

지상이는 사람들에게 길을 물은 뒤 리틀록 센트럴 고등학교를 향해 걷기 시작했어요. 하지만 출발한 지 몇 분도 채 되지 않아 벤치에 털썩 앉았어요. 뜨거운 땡볕에 목도 마르고 힘이 쭉 빠졌지요. 목이 금방이라도 타 들어갈 것처럼 괴로웠어요.

"아, 목 말라……."

그때 누군가가 지상이에게 인사를 건넸어요.

"안녕!"

고개를 들어 보니 또래로 보이는 흑인 남자아이였지요.

"못 보던 얼굴인데……. 이 근처 살아?"

남자아이의 물음에 지상이가 대답했어요.

"아니, 난 지금 여행 중이야."

"그렇구나. 그런데 어디 아프니? 힘이 없어 보여."

"아, 아픈 건 아니고 목이 너무 말라서 그래."

"그럼 날 따라와. 가까운 곳에 식수대가 있어."

"정말? 고마워!"

물을 마실 수 있다는 생각에 지상이는 벌떡 일어났어요.

"나는 지상이라고 해. 너는?"

"난 존이야. 얼른 가자!"

지상이는 존을 따라나섰어요. 곧이어 두 개의 식수대가 있는 곳에 도착하자, 지상이는 물을 마시려고 허겁지겁 달려들었어요. 그때 존이 급하게 지상이를 가로막았어요.

"지상아, 잠깐만! 그건 백인 전용 식수대야. 우린 백인이 아니니까 여기서 마셔야 해."

"백인 전용 식수대?"

지상이는 식수대를 자세히 살펴보았어요. 그러고 보니 지상이가 다가간 식수대에는 'WHITE'라고 적혀 있었어요. 바로 옆에는 'COLORED'라고 적힌 유색인 전용 식수대가 있었지요.

"피부색에 따라 물 마시는 구역을 나눈다고? 말도 안 돼!"

지상이가 벌컥 화를 내자, 존이 고개를 갸웃하며 말했어요.

"네가 사는 곳은 안 그래? 여기 흑인들은 버스도 뒷자리에만 앉거나 서서 가야 해. 심지어 버스 기다리는 줄도 따로 서고. 학

교도 다닐 수 없는걸.”

"흑인은 학교를 못 다닌다고?"

"우리 누나는 공립 고등학교 입학을 거부당했어. 군인들이 학교 앞에서 누나랑 친구들을 막았지."

지상이는 도무지 믿기지 않았어요. 군인들까지 나서서 학생들의 등교를 막다니, 있을 수 없는 일이었지요.

"그 학교가 혹시 리틀록 센트럴 고등학교니?"

"응, 맞아."

"사실은 거기 가면 내 친구들을 만날 수 있을 거 같아서 그리로 가는 중이었어. 혹시 네가 나 좀 데려다줄 수 있어?"

"음, 거긴 지금 위험한데……."

존은 지상이를 힐끗 쳐다보며 머뭇거렸어요.

"존, 나와 내 친구들이 네 누나를 도와줄 수 있을지 몰라!"

"정말? 어떻게?"

"솔직히 고백할게. 난 타임머신을 타고 미래에서 왔어. 나천재 박사님, 똑똑한 경수, 용감한 레비가 분명 너희를 도와줄 거야!"

"미래에서 왔다고? 하하하. 그 말을 나보고 믿으라는 거야?"

존은 배를 부여잡고 크게 웃었어요. 존에게는 지상이의 말이 황당하기 짝이 없었지요.

존은 그 뒤로도 한참 더 웃다가 말했어요.

"네가 어디에서 왔든 상관없어. 사실 이상하게 널 처음 봤을 때부터 호감이 갔어. 내가 리틀록 센트럴 고등학교까지 데려다줄게. 뭐, 우리 누나를 도와준다면 진짜 고마울 거야."

존은 지상이를 보며 환하게 웃고는 곧장 리틀록 센트럴 고등학교 쪽으로 걸음을 옮겼어요.

조금 뒤 지상이와 존이 리틀록 센트럴 고등학교에 도착해 보니, 수많은 군인들이 일렬로 늘어서 학교 정문을 막고 있었어요. 그들 앞에는 흑인 학생들의 입학을 허가하라고 시위하는 사람들도 보였어요. 그리고 지상이의 예상대로 시위대 옆에 경수와 레

 나천재 박사님의 **차별** 이야기

백인 전용 식수대와 흑인 지정석

지금은 상상도 못 할 일이지만, 백인 중심 사회였던 1900년대 초 미국에서는 흔하게 볼 수 있었어요. 식수대는 흑인과 백인을 구분해 인종별로 전용 식수대를 사용하게 했고, 버스에서도 뒤쪽에만 흑인 지정석을 준다거나 아예 앉지 못하게 만들었지요. 1863년 노예해방선언이 선포되면서 법적으로 금지되긴 했지만 이후에도 흑인에 대한 차별은 끊이질 않았어요. 2014년 미국 남부의 한 목화 가공업체에서 흑인 직원이 사내에 비치된 식수대와 엘리베이터를 사용하지 못하게 차별한 일이 알려지면서 사회적으로 큰 비판을 받았어요.

흑인 지정석

흑인 전용 식수대

비, 나천재 박사님이 서 있었지요.

"역시 다들 여기 있었어!"

지상이가 부리나케 일행에게 달려가자 모두 안도의 한숨을 내쉬었어요.

"지상아, 얼마나 찾았는지 몰라. 이렇게 만나서 다행이야!"

그때 경수 옆에 서 있던 흑인 여학생이 존을 아는 척했어요.

"존!"

"엇, 멜바 누나! 거기 있었구나. 지상아, 우리 누나야!"

존이 지상이에게 자신의 누나를 소개했어요.

그러자 경수가 끼어들며 말했어요.

"아, 네가 존이구나. 멜바 언니가 그동안의 일을 설명해 주고 있었어. 반갑다, 난 지상이 친구 경수야."

존은 경수와 레비, 나천재 박사님과 차례차례 눈을 맞추며 인사를 나누었어요.

"얘들아, 여기는 아무래도 좀 위험하니까 잠시 피하는 게 좋겠어. 다들 우리 집으로 가는 건 어때?"

"와, 좋아요!"

모두 한목소리로 외치며 멜바를 따라나섰어요. 군인들은 시위대에서 빠져나가는 지상이 일행을 매서운 눈초리로 노려보았어요.

집에 도착하자 멜바는 손님들을 위해 맛있는 음식을 준비했어요. 이윽고 식탁 위에 음식이 차려지자 지상이 눈이 휘둥그레졌지요.

"우아, 맛있겠다!"

지상이와 경수는 군침을 흘리며 재빨리 포크를 집어 들었어요.

"지상아, 경수야. 천천히 먹어."

존이 허겁지겁 닭고기를 뜯는 지상이와 경수를 보며 빙그레 웃었어요.

"그런데 군인들이 왜 학교 정문을 지키고 서 있었던 거야?"

레비가 조심스레 묻자 멜바가 대답했어요.

"우리가 사는 리틀록은 아칸소주에 속한 도시인데, 아칸소 주지사인 오벌 포버스 씨가 인종 통합을 계속 반대해 왔어. 주지사는 인종에 따라 다르게 대우하는 게 당연하다고 생각해. 그래서 흑인들의 고등학교 입학을 허가하지 않았지. 그걸로도 모자라 주 방위군을 학교에 배치해 등교하려는 학생들을 막는 거고."

"군인 아저씨들이 학교에 못 들어오게 막는단 말이야?"

"너무 끔찍하다……."

지상이와 경수가 저마다 한마디씩 했어요.

"응, 그래서 결국 입학하지 못했어. 리틀록 센트럴 고등학교 재학생들과 일부 시민들도 거세게 반대하고 있고."

"피부색이 다르다고 이런 불이익을 주다니, 말도 안 돼!"

"맞아. 서로 다른 거지 틀린 게 아니잖아."

"그래도 다행히 많은 사람들이 우릴 위해 싸워 주고 있어. 덕분에 우리도 목소리를 높여 권리를 주장하고 있지."

그때 누군가가 현관문을 두드렸어요. 멜바가 누가 왔는지 확인하러 간 사이, 지상이와 경수는 걱정스런 표정으로 리틀록 센트럴 고등학교에 대해 이야기를 나누었어요.

"나라면 너무 힘들었을 것 같아. 이렇게 심한 차별을 받고 있을 줄이야……."

"그러게. 그리 먼 과거도 아니고 불과 60여 년 전이잖아."

조금 뒤 멜바가 돌아왔어요. 그런데 정장을 입은 남자와 아까 봤던 군인들과는 다른 군복을 입은 군인 한 명이 그 뒤를 따라 들어왔어요.

"얘들아! 리틀록을 지켜 주고 계신 우드로 만 시장님이셔. 시장님, 아까 학교 앞에서 만난 지상이와 경수, 레비, 나천재 박사님이에요."

멜바가 지상이 일행을 어떻게 만나게 되었는지 자세히 설명했어요. 그러자 우드로 만 시장님이 따뜻한 미소로 인사를 건넸어요.

"그래, 만나서 반갑다."

경수가 앞으로 나서며 말했어요.

"시장님, 리틀록에서 이런 일이 벌어지다니 정말 안타까워요."

"나 역시 정말 가슴이 아프고 몹시 화가 난단다. 오벌 포버스 주지사의 행동을 가만 두고 볼 수가 없구나. 그래서 내가 아이젠

하워 대통령께 직접 말씀드렸다."

"아이젠하워 대통령이요?"

"그래. 리틀록의 현재 상황을 말씀드리자 주지사 소환을 명령한 뒤 이곳으로 101 공수사단도 보내 주셨단다."

그러자 잠자코 서 있던 군인이 아이들을 둘러보며 말했어요.

"이제 우리가 너희를 주방위군으로부터 지켜 줄 거다. 그러니 걱정하지 마렴."

멜바는 결국 눈물을 흘렸고 감사하다는 말을 몇 번이나 했어요. 그러자 우드로 만 시장님이 멜바와 존을 향해 박수를 치며 한마디 덧붙였어요.

"오히려 우리가 너희에게 감사해야 할 것 같다. 너희가 용기를 내서 학교에 입학 신청을 하고 인종 차별에 맞서 준 덕에 우리도 이렇게 도울 수 있게 되었으니까."

"누나, 그럼 이제 학교에 갈 수 있는 거야?"

존은 기쁨의 눈물을 흘리며 멜바 품에 안겼어요. 지상이와 경수는 두 사람을 보며 큰 감동을 받았지요.

💬 소수자도 존중해야 해

지상이 일행은 다시 타임머신에 올라탔어요. 이어 타임머신의 컴퓨터 모니터에 멜바와 친구들이 군인들의 호위를 받으며 리틀록 센트럴 고등학교에 등교하는 장면이 나왔어요.

"멜바 누나가 학교를 다닐 수 있게 되어서 다행이야."

지상이가 안도의 한숨을 내쉬며 말했어요.

"유색 인종에 대한 차별이 완전히 사라지진 않았지만, 수많은 사람들의 노력과 용기가 있었기에 오늘날 사람들의 인식이 이 정도 수준까지 개선될 수 있었단다."

나천재 박사님이 고개를 끄덕이며 덧붙였어요. 레비는 리틀록 자료를 컴퓨터에 꼼꼼히 저장했지요.

"그건 그렇고 우리가 미국에서 직접 목격한 여성 차별과 흑인 차별의 공통점을 찾을 수 있겠니?"

나천재 박사님이 묻자 지상이와 경수, 레비는 곰곰 생각에 잠겼어요.

"애니는 남자들만 참여할 수 있는 정치를 반대했고……."

"존과 멜바는 백인들만 다니는 학교를 반대했어."

지상이와 경수의 말을 들은 레비가 손뼉을 짝 치며 외쳤어요.

"둘 다 자신들보다 훨씬 힘이 센 집단에 용감히 맞섰어!"

그러자 나천재 박사님이 흐뭇한 미소를 지었어요.

"그래, 맞다! 내가 전에 말했지. 차별은 차이에서 오는 불이익이라고. 보통 그런 불이익은 힘이 약한 집단에게 몰린단다. 그들을 소수자 집단이라고 하지."

"수가 적어서 소수자 집단인가요?"

"수가 적어서 소수자라고 부르는 건 아니란다. 사회적으로 약한 위치에 있는 사람들을 칭하는 말이지. 여성, 유색 인종, 장애인, 성소수자, 외국인 노동자 등이 대표적인 소수자 집단이란다. 들어 본 적 있지?"

"네, 차별에 관한 텔레비전 뉴스에서 많이 들어 봤어요."

"그래, 이러한 차별을 없애기 위해서는 소수자들에 대한 존중과 이해가 꼭 필요하단다."

나천재 박사님의 말에 지상이와 경수, 레비는 고개를 힘차게 끄덕였어요.

다음 순간, 타임머신의 컴퓨터 모니터에서 붉은빛이 깜빡거리더니 알람 소리가 요란하게 울렸어요.

삐- 삐- 삐- 삐!

"이건 우리한테 시간이 별로 없다는 뜻이야! 차별에 대한 정보를 다 모으지 못했는데 큰일이네……."

레비가 걱정스럽게 말했어요.

2장 차별에 맞섰던 역사적 순간들

"그럼 시간을 아끼기 위해서 다음 여행은 두 사람이 한 팀이 되어 각각 다녀오는 게 좋겠다."

나천재 박사님이 해결책을 제시했어요.

"박사님, 그럼 이제 어디로 가야 하죠?"

"미국의 과거를 돌아봤으니 우리나라의 과거도 살펴봐야겠지? 지상이와 경수는 조선 시대로 가 보렴."

"조선 시대요?"

"불교 사상을 받들었던 고려 시대와 달리, 조선 시대에는 성리학을 중시하면서 정치·사회·경제적으로 여성들의 삶이 많은 제약을 받았단다. 또 선비, 농부, 수공업자, 상인 계급으로 구분하게 되면서 신분 차별도 매우 심했지. 그때의 성리학적 관습이 쭉 이어져 오늘날까지도 그 잔재가 많이 남아 있단다."

"맞아요, 명절이나 제사가 돌아오면 엄마랑 할머니만 일하고 할아버지, 아빠, 삼촌은 소파에 앉아 있어요!"

경수가 몹시 못마땅한 표정으로 말했어요.

"그래, 바로 그런 거란다. 자, 그럼 지상이는 노비 출신이었지만 뛰어난 능력으로 고위 관직까지 올랐던 조선 최고의 기술자를 만나고 와라. 그리고 경수는 여성과 출신에 대한 제약이 심했던 사회 분위기 속에서도 자신의 능력을 펼쳐 후세에 이름을 남긴 남매를 찾아가 보고."

"자, 어서 조선 시대로 떠나자!"

"우아, 그럼 이번에는 한복을 입겠네?"

지상이와 경수는 한껏 들떠서 조선 시대로 떠날 준비를 했어요.

"레비, 우리는 고려 시대로 가서 지역에 따른 차별에 대해 알아보자."

나천재 박사님이 레비를 돌아보며 덧붙였어요.

"네! 박사님!"

"자, 준비됐지? 다 같이 출발!"

레비가 레버를 당기자 타임머신은 다시 한번 먼 여행길에 올랐어요.

 나천재 박사님의 차별 이야기

소수자의 권리 지키기

소수자란 약자의 위치에 있는 사람을 말해요. 단순히 수의 개념으로 봐서는 안 되며, 지배층이 아닌 사회적 약자들을 통틀어 소수자라고 한답니다. 장애인, 여성, 노인, 외국인 노동자, 성소수자, 농민 등이 대표적인 사회적 소수자예요. 최근에는 경제 질서 구조상 약자인 비정규직 노동자도 소수자로 보고 있어요.

이러한 소수자들은 힘이 약해서 차별받기 쉬워요. 그래서 이들은 자신들의 권리를 주장하기 위해 집단을 이루거나 단체를 만들어 활동하고 있어요. 보통 소수자의 권리를 보장받기 위한 정책을 만드는 데 힘쓰고 있지요.

대표적인 결과물로 '여성 할당제'와 '장애인 고용 할당제'가 있답니다. 여성 할당제란 선거에서 일정 비율 이상의 여성이 국회의원이나 지방의회 의원이 될 수 있게 보장해 주는 제도예요. 여성 할당제를 통해 여성 정치인이 많아지면 소수자인 여성의 권리를 좀 더 많이 지켜 낼 수 있겠지요. 장애인 고용 할당제도 마찬가지예요. 정부에서 기업에 의무적으로 장애인을 일정 비율 고용하게 권고하여, 장애인들이 고용 과정에서 차별받지 않도록 노력하고 있어요.

프랑스의 여성 참정권 운동

프랑스 하면 혁명과 자유가 가장 먼저 떠오르는 나라예요. 하지만 프랑스도 과거에는 여성 차별이 존재했어요. 1789년 프랑스 혁명 중 발표된 「인간과 시민의 권리 선언」을 보면 인간이 누릴 수 있는 권리가 명시되어 있는데, 여성의 권리는 어디에서도 찾을 수 없었지요. 이에 분노한 수많은 여성들이 여성의 자유를 주장했고, 여류 작가 올랭프 드 구주는 「여성과 여성 시민의 권리 선언」을 써서 남성들의 전유물로 변질된 프랑스 혁명을 비판했어요.

이후 여성 참정권 운동을 주도하던 올랭프 드 구주는 체포되었고 그해 사형을 당하고 말았답니다. 곧이어 여성들의 집회 금지, 여성 단체 해산 등 박해가 시작되었어요. 하지만 이를 계기로 프랑스는 물론 영국과 미국에서도 여성 참정권 운동이 거세게 일어났지요. 그 결과 영국은 1918년, 미국은 1920년, 프랑스는 1946년에 여성에게 참정권이 주어졌답니다.

올랭프 드 구주

끝나지 않는 인종 차별의 역사

미국은 1863년 노예해방선언 이후에도 흑백 차별을 당연하게 여기는 분위기였어요. 그러던 중 1957년 흑인 차별 반대 운동에 한 획을 그은 사건이 아칸소주에 위치한 리틀록에서 일어나게 돼요.

당시 흑인 학생 아홉 명이 공립학교인 리틀록 센트럴 고등학교에 입학하려고 했어요. 그러나 아칸소 주지사인 오벌 포버스가 인종 통합에 반대하며 흑인 입학을 거부하였고, 학생들의 등교를 막기 위해 주방위군을 학교 앞에 배치시키기까지 했지요. 주지사의 방해와 주방위군의 위협, 재학생과 시민들의 입학 반대 시위에 큰 상처를 받은 흑인 학생들은 결국 학교에 가지 못했어요.

이에 사태를 지켜보던 리틀록 시장 우드로 만이 당시 대통령이었던 아이젠하워에게 도움을 요청하였고, 그 결과 연방정부군 101 공수사단이 리틀록에 파병되었어요. 오벌 포버스 주지사는 연방 정부로 소환되었지요. 이후 연방정부군은 흑인 학생들의 고등학교 입학을 도왔고, 등하굣길도 함께하며 학생들을 보호해

주었어요. 이 사건은 '리틀록의 위기'로 불리면서 당시 가장 중요한 미국 흑인 인권 운동 중 하나로 떠올랐어요. 특히 이때 고등학교에 입학한 아홉 명의 학생들은 '리틀록 나인'이란 별명을 얻었고, 훗날 미국의 첫 흑인 대통령 버락 오바마의 취임식에 초청되어 자리를 빛냈답니다.

이후 1963년에 마틴 루터 킹 목사가 '워싱턴 행진'과 '버밍햄 운동'을 이끌며 미국에 차별 없는 세상에 대한 희망의 바람을 일으켰어요. 그리고 마침내 1964년에 민권법이 제정되어 인종, 민족, 출신국, 소수 종교, 여성 차별을 불법으로 규정하고 학교, 일터, 공공시설에서 인종 분리가 금지되지요. 이로써 흑인들도 법적으로 완전한 평등을 얻게 되었답니다.

오늘날 미국은 흑인 대통령이 선출되는 등 여러 면에서 흑인에 대한 차별이 많이 개선된 것은 분명해요. 하지만 2020년 5월, 메니소타주 미니애폴리스에서 경찰의 과잉 진압으로 사망한 흑인 조지 플로이드 사건을 통해 알 수 있듯이, 유색인은 법률상으로만 백인과 평등할 뿐 실제 미국 사회의 인종 차별은 여전하다는 것을 보여 주고 있어요.

토론왕 되기

소수자들은 항상 약자일까?

이번에 우리는 '소수자'에 대해 알게 되었어. 기억나?

 그럼! 약자의 위치에 있는 사람들을 말하는 거 아냐?

대표적으로 흑인, 여성, 성소수자, 어린이 등이 있어.

그런데 소수자들은 항상 약자인 거야? 강자가 될 순 없어?

 나는 소수자도 언제든 다수자가 될 수 있다고 생각해. 반대로 다수자도 소수자가 될 수 있지.

맞아. 우리나라에서는 40대 남성이 다수자지만 미국에 가면 황인종 소수자가 되는 거잖아.

 우리나라에서 소수자인 외국인 노동자도 자신의 나라로 돌아가면 다수자가 돼.

그 사람이 어느 사회에 속해 있느냐에 따라 달라지는구나.

 그렇지. 누구든 다수자가 될 수 있고 소수자도 될 수 있어.

그럼 다수자와 소수자 사이에 벽이 없는 거나 마찬가지 아닌가?

사람들이 그런 점을 잘 되새긴다면 소수자에 대한 차별도 점차 사라질 것 같아.

 맞아. 우리 중 그 누구도 차별받을 이유가 없어. 그래서 소수자들의 권리를 보장하고 지켜 줘야 한다는 거야.

 나천재 박사님의 한마디

현대 민주주의 사회에서는 어떤 일을 결정할 때 다수결의 원리에 따르기 때문에 소수자의 의견이 무시되는 경우가 많아. 그래서 다수결의 원리의 문제점을 보완하는 장치인 '소수자의 권리'가 반드시 보장되어야 한단다.

퀴즈?

각 나라에 대한 설명과 나라 이름을 바르게 연결하세요.

 한국 — Ⓐ

① 다양한 인종과 민족이 어우러져 사는 나라예요. 과거 노예제 폐지 운동이 일어나면서 1863년에 노예해방선언이 공포되었어요. 1920년에는 모든 주에서 여성 참정권이 인정되었지요.

 미국 — Ⓑ

② 20세기 초에 여성 참정권 운동인 '서프러제트'가 일어났고, 시민 운동가 에멀린 팽크허스트가 이 운동을 이끌었어요. 수상이 중심이 되는 의회민주주의의 본고장으로, 1928년에 여성 참정권이 인정되었지요.

 영국 — Ⓒ

③ 1789년 대혁명 당시 「인간과 시민의 권리 선언」이 발표되었지만, 여성이 배제되자 올랭프 드 구주를 비롯해 수많은 여성들이 차별 철폐를 요구하며 시위를 벌였어요. 결국 1946년에 이르러 여성 참정권이 보장되었지요.

 프랑스 — Ⓓ

④ 2차 세계 대전 이후 일제 식민 지배에서 벗어나면서 비로소 국민의 주권을 찾을 수 있었어요. 1948년 임시정부가 설립되면서 남성과 여성 모두에게 참정권이 주어졌어요.

정답: Ⓐ-④, Ⓑ-①, Ⓒ-②, Ⓓ-③

여성에게 투표권을!
여성에게 참정권을!

차별을 이겨 낸 위대한 사람들

💬 기회가 주어진다면 여자도 할 수 있어

　경수가 살며시 눈을 뜨자 커다란 기와집이 보였어요. 게다가 어느새 예쁘게 한복을 차려입은 자신의 모습을 보니 너무 좋아서 신나게 빙글빙글 돌았지요.
　그때 어디선가 커다란 웃음소리가 들렸어요.
　"하하하!"
　경수가 고개를 돌리자 또래로 보이는 남자아이가 경수를 보며 큰 소리로 웃고 있는 게 보였어요. 경수와 눈이 마주친 남자아이는 성큼성큼 다가와 말을 걸었어요.
　"넌 누구야? 여긴 우리 집인데."
　"아……, 난 경수라고 해."
　경수는 잔뜩 경계하며 인사를 건넸어요.

"경수? 너한테는 이름도 다 있구나. 난 균이라고 해. 허균."
"이름이 다 있다니, 그게 무슨 말이야?"
경수가 따지듯이 묻자, 허균이 고개를 갸웃하며 대답했어요.
"새삼스레 왜 그러는 거야? 이 나라 조선에서는 여자들한테 이름을 안 지어 주는 거 네가 더 잘 알 거 아니야. 물론 여자아이에게 이름을 지어 주는 집안도 있지. 우리 초희 누이처럼. 그런데 우리 집엔 어떻게 들어온 거지?"
경수는 그제야 자신이 조선 시대에 와 있고, 조선 시대 여자들은 대부분 이름이 없었다는 것을 깨달았어요.
"어……, 공부를 좀 해 보려고 누굴 찾고 있는데……."
경수는 대충 둘러댔어요.
"너도 우리 스승님한테 배우려고 온 거야?"
"스승님? 어……, 맞아. 균이 네 스승님 제자가 되면 뭐든지 다 배울 수 있다고 해서……."
"그럼. 우리 스승님은 모르시는 게 없거든. 때마침 스승님한테 가는 길인데 같이 갈래?"
"응, 좋아!"
경수와 허균은 이런저런 이야기를 나누며 스승님이 계신 곳으로 향했어요. 이윽고 아름드리나무가 있는 정자에 도착하자 곧은 자세로 부채질을 하고 있는 스승님이 보였어요. 그런데 한 소녀가 스승님 옆에서 시를 읊고 있었지요. 경수와 허균은 방해

하지 않으려고 조금 멀리 떨어진 곳에 멈춰 섰어요.

"저기 시를 읊고 있는 사람은 우리 초희 누이야. 그 옆에 부채질을 하고 계신 분이 나랑 초희 누이를 가르치시는 이달 스승님이고. 누이가 또 시를 한 편 지었나 봐."

"직접 시를 짓는다고? 우아, 초희 언니 정말 대단하다."

"초희 누이는 여덟 살 때부터 시를 지었어. 그 모습을 본 둘째 형님이 친구인 스승님께 우리를 좀 가르쳐 달라고 부탁하셨지.

스승님도 엄청 유명한 시인이셔."

"스승님은 아는 게 많으시다면서 다른 일은 안 하셔? 벼슬 같은 거 말이야."

경수의 물음에 허균의 얼굴이 조금 어두워졌어요.

"스승님은 서자여서 벼슬에 오를 수 없어. 아버지가 양반이라도 어머니가 양민이면 그 자식들인 서자는 관직에 나아갈 수 없거든. 저렇게 뛰어난 분이 출신 배경 때문에 능력을 펼치지 못하시니 정말 속상해."

"신분이 낮으면 하고 싶은 일도 마음대로 못 하는구나."

"맞아. 나는 이런 불평등을 꼭 없애고 싶어. 힘센 영웅이 나타나 나쁜 것들을 모조리 부숴 버리는 거지. 모두가 평등하고 노력하는 사람은 무엇이든 할 수 있는 세상을 만들고 싶어."

허균이 주먹을 꼭 움켜쥔 채 눈을 반짝이며 말했어요.

경수는 허균이 비록 나이는 어리지만 훌륭한 어른처럼 생각이 깊고 의젓해 보였어요.

"너의 꿈이 꼭 이루어지길 바랄게."

"고마워. 내가 아직 어려서 할 수 있는 게 없긴 한데, 그래도 틈틈이 내가 꿈꾸는 세상을 소설로 써 보고 있어. 완성하면 경수 너한테도 보여 줄게."

"정말? 기대된다!"

"응, 주인공이 우리 스승님처럼 서자 출신이야. 자신의 능력을 펼칠 수 없었던 홍길동은 결국 집을 나와서……."

"뭐? 홍길동? 홍길동 이야기를 쓴 허균이 바로 너구나!"

경수는 유명한 허균을 만난 게 믿기지 않아 큰 소리로 호들갑을 피웠어요. 그러자 정자에 있던 이달 스승님과 초희가 경수와 허균을 돌아보았어요.

"균이가 왔구나."

"균아, 옆에 친구는 누구야?"

초희가 경수를 뚫어지게 쳐다보며 물었어요.

경수는 얼른 정자로 뛰어가 꾸벅 인사를 했어요.

"안녕하세요, 저는 경수라고 해요."

"스승님! 경수도 스승님께 배우고 싶어서 찾아왔대요."

허균이 숨을 가쁘게 몰아쉬며 한마디 거들었어요.

"그래, 배움은 큰 즐거움이다. 오늘 수업이 꽤 재밌겠구나."

이달 스승님은 인자하게 웃으며 경수를 따뜻하게 맞아 주었어요. 초희와 허균도 환하게 웃었지요.

곧이어 초희는 붓을 들고 시 한 편을 막힘 없이 써 내려갔어요. 그 모습을 본 허균이 손뼉을 치며 감탄했어요.

"스승님, 누이의 시가 어떤지요?"

"이젠 내가 가르칠 것이 없구나. 나보다 더 낫다."

"역시 초희 누이야!"

경수는 부끄러운 듯 빙그레 웃고 있는 초희와 초희를 자랑스

레비의 정보 톡톡

허균과 『홍길동전』

허균은 최초의 한글 소설 『홍길동전』을 쓴 조선 중기의 정치인이자 소설가예요. 허균의 아버지 허엽은 성리학에 얽매이지 않고 다양한 학문들을 접했으며 그 덕분에 허균의 집안은 비교적 자유로운 분위기였어요.

이러한 배경 덕에 자유분방한 삶을 살았던 허균은 보수적이고 폐쇄적인 조선 사회에 답답함을 느꼈고 사회의 모순을 날카롭게 비판했어요. 훗날 허균은 서자가 주인공인 최초의 한글 소설 『홍길동전』을 쓰게 돼요. 서자인 주인공이 사회를 변화시킨다는 내용도 파격적이었지만, 지식인들만 읽을 수 있었던 한자 대신 한글로 소설로 써 서민들 사이에서 널리 읽혔지요. 덕분에 그의 소설에 담긴 평등사상도 널리 퍼질 수 있었답니다.

한시의 대가, 이달

허균에게 많은 영향을 끼친 이달은 당대 최고의 시인이었으나 서자라는 이유로 벼슬길에 오르지 못했어요. 강원도 원주 손곡리에 정착하여 당시(唐詩, 당나라 시대의 시)를 연구했는데, 선조 때 삼당파 시인 가운데 한 사람으로 이름을 떨칠 만큼 문학성이 뛰어났어요. 허균의 「손곡산인전」에 따르면, 신라 이래 당시를 지은 사람 가운데 이달을 따를 자가 없었다고 하네요.

3장 차별을 이겨 낸 위대한 사람들

럽게 바라보는 이달 스승님과 허균을 물끄러미 쳐다보았어요.

그때 타임머신에 타고 있던 나천재 박사님의 홀로그램이 경수 눈앞에 떠올랐어요.

"경수야, 조선 시대에 잘 도착했니?"

"네, 박사님. 어린 허균과 초희 언니도 만났어요."

"그래, 제대로 찾아갔구나. 두 사람을 직접 보니 어때?"

"조선 시대 여자들은 배울 기회가 없었다던데, 초희 언니는 글을 배우고 시도 엄청 잘 지어요. 완전히 천재라니까요."

"맞다. 조선 시대 여성들은 대부분 글을 읽지도 쓰지도 못했지. 그저 착한 아내, 어진 어머니로만 살라고 강요받았어. 그래서 제아무리 능력이 뛰어나도 아무 소용이 없었단다."

그러자 경수가 아리송한 표정을 지었어요.

"저렇게 시를 잘 쓰고 남자보다도 능력이 뛰어난데, 여자라서 아무것도 하지 못한다고요?"

"그래, 당시에는 그랬단다. 다행히 초희는 아버지 허엽이 딸의 능력을 일찌감치 알아보고 아들딸 구분 없이 다양한 학문을 가르친 덕분에 자신의 능력을 펼칠 수 있었지. 초희는 바로 중국과 일본에도 이름을 널리 알린 당대 최고의 천재 시인 허난설헌이란다."

"우아, 학교에서 배운 적이 있어요! 정말 대단한 사람이구나."

경수는 우리 역사를 빛낸 유명한 남매를 직접 만났다는 사실에 무척 뿌듯했어요. 한편으로는 허난설헌이 남자로 태어났다면 예술가로서 더 큰 명성을 떨쳤을 거란 생각도 들었지요.

"만약 조선 사회가 남녀에게 평등했다면 더 많은 여성 지식인을 배출했을 거야. 이렇게 차별은 당하는 사람뿐만 아니라 우리 사회에도 큰 손해란다."

나천재 박사님의 말에 경수는 못다 펼친 허난설헌의 재능을 안타까워했어요.

# 나천재 박사님의 차별 이야기

허난설헌이 21세기 대한민국에서 태어났다면 어땠을까?

허난설헌은 어릴 때부터 자유로운 가풍 속에서 남자 형제들과 동등한 교육을 받았고 시에 큰 재능을 보여 명성이 자자했어요. 하지만 허난설헌은 보수적인 조선 사회에서 완전히 자유로울 수 없었지요.

허난설헌은 열다섯 살에 결혼했는데 똑똑하고 다방면으로 뛰어났던 허난설헌을 못마땅하게 여긴 시어머니와 남편 때문에 그리 행복하지 못했어요. 결국 허난설헌은 몸이 쇠약해져 스물일곱의 젊은 나이에 세상을 떠납니다. 허난설헌은 자신의 시를 모두 태우라는 유언을 남겼고, 방 한 칸을 가득 채울 정도의 많은 시가 한순간 잿더미로 변하고 말았어요. 다행히 누이의 천재성을 아까워하던 허균이 친정에 남아 있던 누이의 시와 자신이 외우고 있던 누이의 시를 합쳐 『난설헌집』을 펴냈어요. 이 시집은 중국에서도 발간되어 큰 인기를 끌었고, 덕분에 일본에도 허난설헌의 재능이 알려졌답니다.

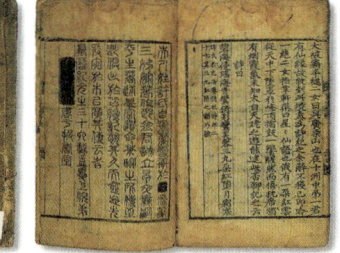

『난설헌집』

허난설헌

🌸 왕의 총애를 한몸에 받은 노비 기술자

캉! 캉! 캉! 캉!

어디선가 시끄러운 쇳소리가 연신 들려왔어요. 지상이는 귀를 틀어막으며 사방을 살펴보았지요.

"여기는 또 어디람."

지상이가 눈을 가늘게 뜨고 보니 사람들이 쇠를 녹이고 두드리며 무언가를 만들고 있었지요. 그때 굵은 목소리가 들렸어요.

"얘야, 조심하렴."

지상이가 돌아보니 관복을 입은 한 남자가 서 있었어요.

"흠, 못 보던 아이구나. 아무튼 여긴 다칠 수 있으니 가까이 오지 않는 게 좋겠다."

"네, 조심할게요. 그런데 아저씨는 누구세요?"

지상이가 머리를 긁적이며 묻자, 한 남자가 쇠를 두드리다 말고 지상이를 나무랐어요.

"이놈! 장영실 어른도 몰라보느냐?"

지상이는 자신의 눈앞에 서 있는 사람이 그 유명한 장영실이란 사실에 눈이 휘둥그레졌어요.

"정말요? 진짜 장영실 아저씨예요?"

"허허허. 그래, 내가 장영실이란다."

장영실은 지상이가 귀엽다는 듯이 머리를 쓰다듬으며 웃었어요. 그때 저 멀리서 한 궁녀가 헐레벌떡 뛰어오더니 장영실을 다급히 찾았어요.

"장영실 어르신! 완성되었다고 합니다! 어서 와서 보셔요."

"오, 그래? 어서 가 보자꾸나."

장영실은 궁녀의 말에 화들짝 반가워하며 서둘러 자리를 뜨려고 했어요. 그러다 여전히 자신을 신기한 듯이 쳐다보고 있는 지상이를 돌아보았어요.

"얘야, 너도 같이 가자."

"저도요? 어디 가시는데요?"

"내가 근래에 공을 들인 장치가 하나 있는데 드디어 완성되었거든. 네게 보여 주마."

지상이는 뛸 듯이 기뻐하며 장영실과 궁녀의 뒤를 부리나케 쫓아갔어요. 조금 뒤 장영실과 함께 도착해 보니 아주 낯익은 장치가 마당 한가운데에 놓여 있었어요. 그때 어디선가 맑은 종소리가 들렸지요. 자세히 보니 맨 위에 세워진 작은 인형이 종을 치는 소리였어요.

"지금 시간이 어떻게 되는가?"

"미시(오후 1시~3시)입니다."

"잘 작동하는구나."

장영실이 흡족하게 웃자, 지상이가 물었어요.

"아저씨, 저게 뭐예요?"

"아, 저건 물이 떨어지면서 자동으로 시간을 알려 주는 장치란다. 스스로 시간을 알려 주는 물시계라 하여 '자격루'라고 이름을 붙였다."

"우아, 저걸 직접 만드신 거예요?"

"그래, 임금님을 도와 만들었지."

조금 뒤 다른 관리들도 완성된 자격루를 구경하기 위해 삼삼오오 모여들었어요. 대부분 자격루를 보며 감탄하고 칭찬하기 바빴지만 몇몇 사람은 눈을 흘기며 이상한 말들을 했어요.

"천한 노비 출신 주제에 저 으스대는 꼴 좀 보게. 쯧쯧."

"전하께서 직접 데려와 벼슬을 내려 주었으니 하는 수 없지 않나. 좀 더 지켜보자고."

그들은 장영실에 대한 험담을 계속 이어 갔어요. 그 소리가 어찌나 큰지 분명 장영실의 귀에도 들렸을 거예요. 하지만 장영실의 표정은 편안해 보였어요. 오히려 저들의 말에 눈살을 찌푸리는 지상이를 다독거렸지요.

"늘 있는 일이란다. 나는 괜찮으니 걱정하지 말거라."

그때 한 신하가 큰 소리로 왕의 행차를 알렸어요.

"주상 전하 납시오!"

그러자 모든 사람들이 일제히 허리와 고개를 숙이며 양쪽으로 갈라서 길을 만들었어요. 이윽고 그 길을 따라 용이 수놓인 붉은 곤룡포를 입은 임금님이 천천히 걸어왔지요.

'저분이 세종대왕이시구나!'

지상이는 너무 궁금한 나머지 고개를 숙인 채 눈을 힐끔 떠서 임금님의 얼굴을 쳐다보았어요.

"그래, 이것이 자격루인가?"

어느새 장영실 앞에 선 세종이 자격루를 가리키며 물었어요.

"그렇사옵니다, 전하."

세종은 자격루를 이리저리 신중하게 살펴보았어요.
"거기 둘, 이리 와 보거라."
세종은 아까 장영실을 험담하던 관리 둘을 불러 세웠어요.

"이 자격루를 한번 만들어 볼 수 있겠느냐?"

"저희는 기술 직책이 아니오라……."

"그럼 이 자격루가 움직이는 원리를 설명이라도 해 보거라."

"송……, 송구하옵니다, 전하."

3장 차별을 이겨 낸 위대한 사람들

"장영실은 사물의 이치와 원리를 깨우치는 데 매우 뛰어나다. 그리하여 중요한 관직을 내려 국정에 보탬이 되도록 하려는 것이거늘, 어찌 신분을 탓하며 장영실의 재능을 깎아내리는 것인가. 그의 어미가 노비라는 이유로 관직에 오를 수 없었다면 여기 이 자격루도 없었을 것이다."

"저희가 죽을죄를 지었사옵니다, 전하."

두 관리는 얼굴이 벌게져서 이마가 땅에 닿도록 머리를 조아리고 빌었어요.

장영실은 세종을 보며 고개를 숙여 감사를 표하였고, 세종은 장영실에게 씨익 웃어 보였어요. 지상이는 그런 두 사람의 모습에 큰 감동을 받았답니다.

💬 출신 지역으로 차별하다니, 참을 수 없어!

나천재 박사님은 스마트워치를 통해 경수와 지상이의 시간여행을 지켜보고 있었어요.

"지상이도 무사히 장영실을 만난 것 같구나."

"잘됐네요. 그나저나 저희가 도착한 곳은 어디죠?"

레비가 주위를 살피며 나천재 박사님에게 물었어요.

"여기는 고려 시대란다."

그때 저 멀리서 사람들의 커다란 함성 소리가 들렸어요.

"우아아아아아!"

레비는 난생처음 들어 보는 괴성에 놀라 몸을 움츠렸어요.

"레비, 지금 이곳에서는 큰 싸움이 벌어지고 있으니 조심해야 한다. 자, 나를 따라오렴."

나천재 박사님과 레비는 몸을 숨기며 조심조심 사람들이 모인 곳으로 다가갔어요.

"언제까지 신분과 출신 지역 때문에 차별받아야 합니까! 그와 상관없이 모두 같은 대우를 받아야 합니다!"

"옳소! 옳소!"

수많은 사람들이 쟁기와 낫 같은 농기구를 치켜들고 구호를 외치듯이 대답했어요. 사람들 무리 앞에는 두 형제가 서서 큰 소리로 연설을 하고 있었지요.

나천재 박사님과 레비는 군중 속으로 들어가 형제를 유심히 관찰하기로 했어요.

"박사님, 사람들이 대체 왜 모인 거죠?"

"이들은 출신 지역과 신분에 따른 차별을 없애기 위해 민란을 일으킨 거란다."

"신분에 따른 차별이라면……, 여기 이 사람들도 미국의 노예 제도 같은 것을 반대하는 건가요?"

"그보다는 조금 복잡해. 여기 사람들은 노비 같은 천민이 아니라 일반 백성인 양민이거든. 하지만 천민과 다름없는 부당한 대우를 받고 있지. 남들이 기피하는 일을 한다는 이유로 말이야."

"왜요? 일반 백성인데 왜 천민 대우를 받는 거죠?"

"먼저 우리가 와 있는 이곳 명학소에 대해 알려 줘야겠구나. 고려 시대에는 특수 행정 구역인 향, 소, 부곡이 있었는데, 명학

소는 그중 소에 해당한단다. 당시 향, 소, 부곡에 사는 사람들은 다른 이들이 하기 싫어하는 일을 도맡아 했어. 게다가 세금도 다른 지역보다 더 많이 내고 국가의 고등 교육도 받지 못했지. 이사도 마음대로 갈 수 없었고 승려가 되는 것도 금지되어 있어서 사실상 이곳에서 벗어날 방법이 없었어. 그래서 같은 양민이라 해도 이 지역 출신이라는 이유만으로 차별을 받았단다."

"출신 지역 때문에 차별받다니……. 이건 그 사람들 잘못도 아니잖아요."

"맞아. 그래서 저기 망이, 망소이 형제가 이러한 차별에 맞서 민란을 일으킨 거란다."

"박사님, 우리 좀 더 가까이 가 봐요!"

레비가 나천재 박사님의 손을 잡아끌며 재촉했어요. 둘은 사람들을 헤치고 나아가 망이와 망소이 바로 앞까지 다가갔어요.

"잠깐! 너는 누구냐!"

망이와 망소이는 레비를 보더니 농기구로 겨누며 위협했어요. 깜짝 놀란 레비는 재빨리 나천재 박사님 뒤로 숨었지요.

"너희는 명학소 사람이 아니잖아, 어서 정체를 밝혀라!"

"저희는 그러니까……."

나천재 박사님도 갑작스런 상황에 무척 당황했지만 마음을 가라앉히고 침착하게 대답했어요.

"부곡! 부곡에서 왔습니다! 당신과 뜻을 같이하고 싶어서요."

고려의 특수 행정 구역

고려에는 향, 소, 부곡이라는 특수 행정 구역이 있었어요. 이 구역은 과거 통일 신라 시대 때부터 외국인, 반역 죄인, 특산품을 만드는 천민 등이 모여 살게 되면서 별도로 나라의 관리를 받기 시작했지요. 향과 부곡에 사는 사람들은 대부분 농사를 지었고 소에 사는 사람들은 금속, 종이, 도자기, 먹 등을 만드는 수공업에 종사했어요. 이들은 다른 양민들과 달리 교육을 받거나 과거를 볼 자격이 없었고 세금도 더 많이 냈어요.

"맞아요! 저희도 동참할 수 있게 해 주세요."

"음……. 우리와 마찬가지로 출신 지역 때문에 부당한 대우를 받고 있군. 좋다, 우리와 함께 행동하도록 해!"

망이가 낫을 높이 들며 외치자 주변 사람들이 환호성을 질렀어요. 나천재 박사님과 레비도 그들을 따라 소리쳤지요.

"박사님. 그런데 여긴 아무래도 많이 위험한 것 같아요."

레비가 나천재 박사님 귀에 대고 소곤거렸어요.

"그래, 나도 좀 불안하다. 기회를 봐서 슬쩍 도망치자꾸나."

레비와 박사님은 명학소 사람들이 환호하는 틈을 타 부리나케 타임머신으로 달려가 올라탔어요. 그리고 지상이와 경수를 다시 태운 뒤 높이 날아올랐지요.

"고려 시대와 조선 시대 기록 완료! 조금만 더 정보를 모으면 될 것 같아."

레비가 컴퓨터에 저장한 기록들을 훑어보며 말했어요.

"우리나라의 과거 여행은 어땠니? 경수부터 어떤 점을 보고 느꼈는지 말해 볼까?"

나천재 박사님이 아이들을 둘러보며 물었어요.

"저는 허난설헌을 만나고 왔어요. 시에 매우 뛰어난 재능을 보여서 중국과 일본에까지 이름을 떨쳤어요."

경수가 말을 마치자마자 지상이가 끼어들었어요.

"저는 장영실을 만났어요! 노비 출신이었지만 뛰어난 능력을 인정받아 높은 관직에 올랐고, 자격루도 발명했어요!"

마지막으로 레비가 말했어요.

"나는 나천재 박사님과 함께 고려 시대로 갔었어. 거기서 만난 망이, 망소이 형제는 자신이 태어난 지역에 따른 차별을 없애기 위해 많은 노력을 하고 있었어."

나천재 박사님은 흐뭇한 얼굴로 지상이와 경수, 레비를 차례차례 보고는 말했어요.

"경수는 성별에 따른 차별을, 지상이는 신분에 따른 차별을, 레비는 출신 지역에 따른 차별을 직접 목격하면서 많은 것을 느꼈을 거라 생각한다. 그들은 이러한 차별에 굴하지 않고 당당하게 맞서 이겨 낸 사람들이지. 하지만 안타깝게도 그들이 겪었던 차별이 오늘날까지도 조금 남아 있단다."

"먼 과거의 차별이 아직도 우리 일상 속에 남아 있어요?"

"그럼. 특히 성차별은 요즘 가장 민감한 문제 중 하나지. 또한 신분 차별은 자유주의 경제 체제가 들어오면서 경제적 신분이 생겨나 그에 따른 차별로 변질돼 이어지고 있고. 출신 지역 차별 역시 정치적인 이유와 영향 때문에 여전히 그 잔재가 남아 있단다."

"그럼 차별은 영원히 없앨 수 없는 건가요……?"

레비의 얼굴이 조금 시무룩해졌어요. 지상이는 레비의 어깨를 가만히 토닥여 주었지요.

"아니! 분명 방법이 있을 거야. 그렇죠, 박사님?"

"맞아, 허난설헌도 장영실도 차별을 이겨 냈잖아!"

나천재 박사님은 레비를 위로하는 지상이와 경수에게 고개를 끄덕이고는 레비의 손을 가만히 잡았어요.

"레비, 과거는 미래의 거울이라는 말이 있단다. 우리가 시간 여행을 하며 차별을 공부한 이유는, 그 정보를 발판 삼아 우리가 현재 겪고 있는 차별들을 없애려면 어떻게 해야 할까 고민하기 위한 거였잖니. 사실 차별은 그게 정말 차별인지 모를 때 가장 위험한 거란다. 많은 이들이 차별에 대해 인지하고 그것이 잘못되었다는 것을 알 때면 차별은 분명 없어질 거다."

레비는 나천재 박사님의 이야기에 희미하게 웃었어요.

"자, 그럼 이제 과거에서 배운 것들을 토대로 현재를 바꾸기 위해 다시 연구실로 돌아갈까?"

"네! 좋아요!"

모두 타임머신 조종석과 보조석에 앉으며 크게 외쳤어요.

"현재의 나천재 박사님 연구실로 출발!"

레비는 다시 한번 타임머신의 레버를 당겼어요.

비운의 천재 과학자, 장영실

장영실은 조선 초기에 활동한 천재 과학자예요. 그는 과학에 뛰어난 재능을 보였지만 한 가지 걸림돌이 있었어요. 바로 보잘것없는 출신 배경이었지요. 장영실의 아버지 장성휘는 중국에서 귀화한 중국인이었고 어머니는 동래현의 기생이었어요. 어머니의 신분을 따르던 조선 사회의 규율에 따라 장영실은 태어날 때부터 노비 신분이었어요. 그러나 어릴 적부터 기계를 다루는 재능이 뛰어났던 장영실은 조정에까지 그 명성이 알려졌고, 태종이 전국의 인재들을 발탁할 때 장영실도 조정으로 불려가 궁중 기술자로 능력을 펼치기 시작했지요. 세종은 이러한 장영실을 세자 시절부터 유심히 지켜봤어요.

혼천의
(천문 관측 기구)

1432년
간의
(천문 관측 기구)

1433년

1434년
자격루
(물시계)

갑인자
(동활자)

앙부일구
(해시계)

자격루

그 뒤 세종은 왕위에 오르자 장영실을 중국에 보내 선진 문물을 배워 오게 했어요. 그리고 장영실이 유학을 마치고 돌아오자 대신들의 반대에도 불구하고 관직을 내려주었지요. 세종은 이처럼 신분보다는 개인의 능력에 더 중시해 장영실을 전폭적으로 지원해 주었어요. 훗날 장영실은 상의원 별좌를 거쳐 종3품 대호군이라는 고위 관직에까지 오르게 돼요. 장영실은 세종의 든든한 지원 아래 자격루, 혼천의, 앙부일구, 옥루 등 중요한 발명품들을 만들어 조선의 과학 발전에 크게 기여했답니다.

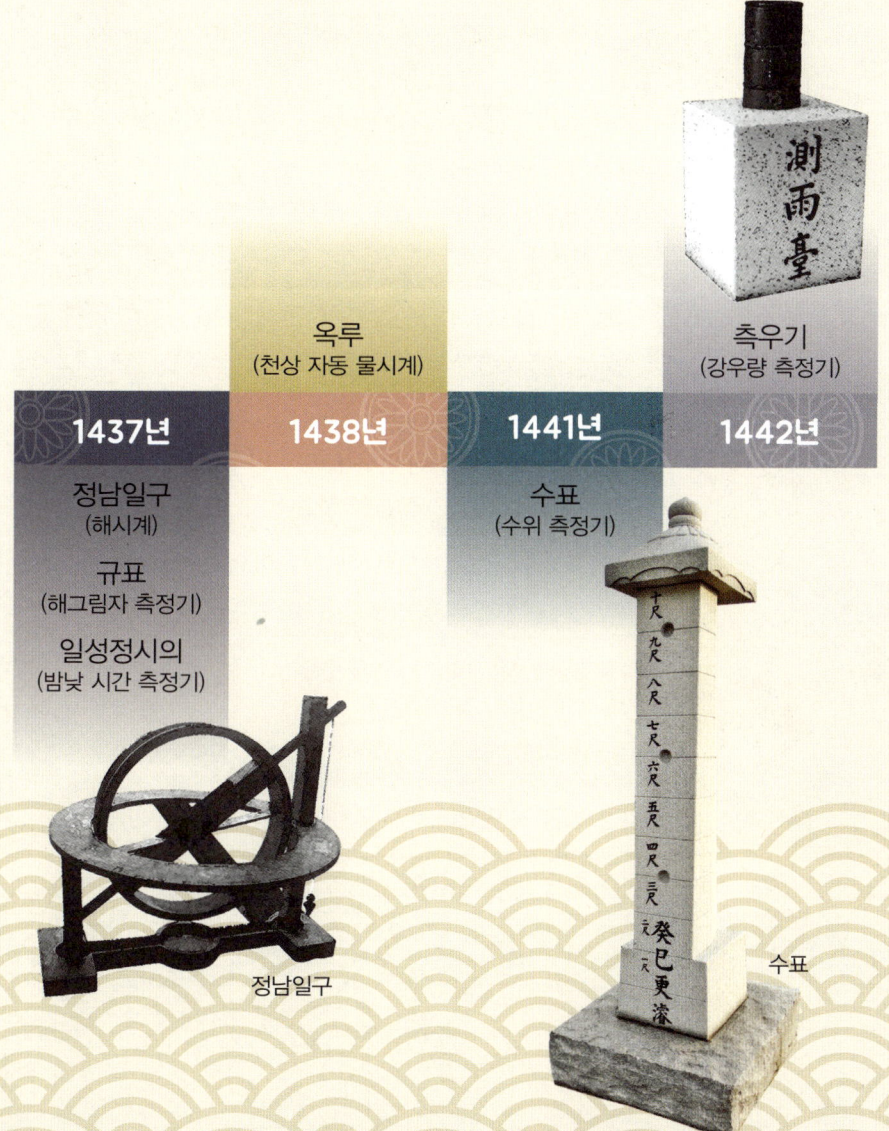

1437년	1438년	1441년	1442년
정남일구 (해시계) 규표 (해그림자 측정기) 일성정시의 (밤낮 시간 측정기)	옥루 (천상 자동 물시계)	수표 (수위 측정기)	측우기 (강우량 측정기)

정남일구

수표

토론왕 되기

허난설헌과 장영실을 위한 우대 정책은 무엇일까?

 허난설헌과 장영실은 성별과 신분을 이유로 차별받았잖아.

 그랬지.

 그들을 위한 우대 정책이 있었다면 어땠을까? 관료를 뽑을 때 천민 출신이나 여성 중에서 뛰어난 사람을 의무적으로 뽑는 거지.

 현재 우리나라에서 시행되고 있는 정책들이네.

 여성 할당제, 농어촌 전형, 다문화 정책 등 차별에 대한 보상 정책들이 많이 있어.

 그 정책들로 차별이 많이 없어졌어?

 효과를 조금 봤지. 기회조차 얻지 못했던 사람들에게 기회가 주어졌으니까.

 하지만 역효과도 있었어. 바로 역차별이 생겨났지.

 역차별?

 차별을 없애기 위한 정책이었는데 그 정책으로 인해서 오히려 차별이 생겼지 뭐야.

내가 점수가 더 높은데도 성별이나 출신 성분 때문에 탈락하는 경우가 역차별이야.

차별을 없애려고 만든 정책 때문에 또다른 차별이 생겨나다니. 참 어렵다.

 2019년에는 법무부에서 다문화 정책에 대한 역차별과 부작용을 인정하고 갈등이 심해지는 것을 막기 위해서 형평성을 고려한 새로운 지원책을 마련하겠다고 했대.

또 차별 반대 정책이 오히려 수혜 집단에 약자 이미지를 씌우는 부작용도 있대!

 지원받는 걸 보니 약자구나 하는 고정 관념이 생기고 은근히 무시를 한다는 거야.

우대 정책을 만들어 차별받는 사람들을 도우면 당연히 좋은 건 줄 알았는데 여러 가지 문제가 많구나.

  **나천재 박사님의 한마디**

차별을 없애는 일은 정말 쉬운 게 아니야. 그래서 차별 관련 정책은 또 다른 차별을 만들지 않기 위해서 모두의 입장을 고려하고 의견을 수렴한 후 신중하게 만들어져야 한단다.

다음은 차별의 종류와 해당 사례에 대한 설명이에요. 잘 읽어 보고 알맞은 것끼리 바르게 연결하세요.

성차별 Ⓐ   ① 정아네 가족은 프랑스 여행 중 한 식당에 들렀는데, 손님이 거의 없는 한가한 시간이었는데도 예약이 다 찼다며 거부당했어요.

학력 차별 Ⓑ   ② 상진이가 친구들과 즐겁게 이야기하고 있는데, 지나가던 할아버지가 "무슨 남자애가 그렇게 말이 많냐? 아이고, 시끄러워라." 하고 핀잔을 주었어요.

장애인 차별 Ⓒ   ③ 서희 이모는 중증 장애인이라는 이유로 공공기관 직원 채용 서류전형에서 탈락했어요.

인종 차별 Ⓓ   ④ 현진이 삼촌은 대학을 졸업했기 때문에 회사에서 다른 동기들보다 월급을 많이 받는대요.

정답: Ⓐ-②, Ⓑ-④, Ⓒ-③, Ⓓ-①

차별을 없애기 위한 노력

💬 일상 속에 여전히 남아 있는 차별

나천재 박사님의 연구실로 돌아온 지상이, 경수, 레비는 식탁에 둘러앉아 빵을 허겁지겁 먹었어요. 시간 여행을 하는 동안 제대로 먹지 못했거든요.

"아, 이제 좀 살 것 같다."

지상이가 볼록해진 배를 통통 두드리며 말했어요.

"우리 엄마가 해 준 밥보다 더 맛있었어."

경수가 입안 가득 빵을 넣은 채 말했어요.

그러자 지상이가 나천재 박사님에게 조용히 속삭였어요.

"경수 엄마는 요리를 못하셔서 외식을 자주 한대요."

"지상이 너! 다 들었어."

경수가 지상이를 흘겨보며 쏘아붙였어요.

"얘들아, 방금 너희 대화에서도 차별이 있었다는 거 알았니?"

나천재 박사님이 아이들을 둘러보며 물었어요.

"방금요?"

"외식을 하는 게 차별이에요?"

경수와 지상이가 고개를 갸웃하며 한마디씩 했어요.

"그게 아니라 '요리는 엄마의 일'이라는 생각이 바로 고정 관념이자 차별이란다. 집안일은 여성의 몫이라는 잘못된 인식이 머릿속에 자리잡고 있는 거지."

"아, 정말 그러네요!"

"맞아. 식사 준비는 항상 엄마가 하셨어요. 두 분 모두 회사에 나가 일을 하는데 말이에요."

"박사님! 이것 말고도 일상 속에서 인식하지 못하고 지나가는 차별적인 말이나 행동은 또 뭐가 있어요?"

지상이가 눈을 반짝이며 나천재 박사님에게 물었어요.

"음, 어디 보자……. 아, 그렇지. 우리가 많이 쓰는 속담에서도 차별적인 말을 찾아볼 수 있어. '암탉이 울면 집안이 망한다.'거나 '여자 셋이 모이면 접시가 깨진다.' 같은 속담들 말이다. 여자는 집안일에 간섭하면 안 되며, 여자는 수다스럽다는 잘못된 고정 관념이 녹아 있지. 남자답다, 여성스럽다는 표현도 성적 고정 관념에 얽매인 말들이야."

"평소 자연스럽게 쓰는 말들인데 모두 잘못된 표현이었네요."

경수가 머리를 긁적이며 말했어요.

"그럼. 알고 보면 이런 차별적인 말들이 꽤 많아. 피부가 까만 친구를 깜둥이라고 부르는 것, 외국인을 짱깨, 쪽발이, 코쟁이 등으로 비하해서 부르는 것, 뭔가 부족한 사람을 장애인이라고 놀리는 것 등등 무심코 써 왔던 말들을 앞으로는 조심하는 게 좋아. 알겠지?"

"네, 이제부터는 말할 때 한 번 더 생각하고 해야겠어요."

"맞아, 단어도 신중하게 골라야 하고."

지상이와 경수가 서로를 바라보며 고개를 끄덕였어요. 그러고는 또 어떤 말들이 차별일까 곰곰이 생각해 보았어요.

"아빠가 운전을 잘 못하는 차를 보더니 '김여사가 운전하나 보네.'라고 말한 적이 있어요. 운전자가 전혀 보이지 않았는데 말이에요."

"겨울에 끼는 벙어리장갑도 차별적인 말일까요? 장갑에 청각 장애인을 뜻하는 벙어리라는 말이 붙어 있으니까요."

"그렇지. 두 단어 모두 여성은 운전을 못한다는 편견과 장애인에 대한 비하가 담겨 있으니 차별적인 표현이란다."

"익숙한 단어들이라도 차별적인 요소가 있다면 쓰지 않아야겠어요!"

"아빠한테 가서 말씀드릴 거예요. 앞으로는 그런 말을 하면 안 된다고요."

레비의 정보 톡톡

남성과 여성을 구분할 필요 없어!

우리나라는 남성을 나타내는 말로 '그', 영어권에서는 'he'를 사용해요. 여성을 나타내는 말은 '그녀'와 'she'가 있지요. 그런데 성평등을 매우 중요하게 여겨 이를 실현하기 위해 많은 노력을 하는 스웨덴에서는 조금 생소한 단어를 써요. 바로 성 중립 대명사 '헨(hen)'이에요. 미국에서도 비슷한 의미로 '지(ze)'라는 단어를 사용하기 시작했지요. 비록 사소해 보일지라도 호칭에서부터 남녀를 구분하지 않는 것이 평등한 사회를 만들기 위한 첫걸음이랍니다.

살색? 살구색! 차별로 인해 바뀐 단어

살구색은 2002년 11월 이전까지만 해도 살색으로 불렸어요. 살구색이 우리나라 사람들의 피부색과 비슷해 살색이라는 명칭이 사용되었지요. 그런데 2002년 몇몇 사람들이 특정 색깔을 살색으로 지칭하는 것은 차별이라며 문제를 제기했어요. 그리고 이러한 주장이 받아들여져 살색 대신 연주황이라는 새 이름으로 바뀌었지요. 그러나 2004년 8월, 여섯 명의 아이들이 연주황도 한자 표기여서 그 뜻을 알 수 없으니 어린이들에 대한 차별이자 인권 침해라고 주장했어요. 기술표준원은 어린이에 대한 차별일 수 있다는 점을 인정, 2005년 5월에 살구색으로 명칭이 바뀌게 되었답니다. 이처럼 사소하지만 크레파스의 색깔 명칭 속에 숨어 있는 차별까지도 문제의식을 가지고 바라보고 개선해 나간다면 언젠가는 차별 없는 세상을 만들 수 있을 거예요.

💬 이제는 없어져 할 차별들

"자, 그럼 시간 여행을 통해 배웠던 차별들을 토대로 이제는 없어져야 할 차별들에 대해 이야기해 볼까?"

그러자 지상이가 먼저 손을 높이 들며 말했어요.

"저는 존이 겪었던 인종 차별이 오랫동안 머릿속에서 떠나질 않아요. 인종 차별 문제는 현재까지도 뿌리 깊게 남아 있고 우리 주변에서도 쉽게 찾아볼 수 있어요."

뒤이어 경수가 손을 번쩍 들며 말했어요.

"저는 애니와 허난설헌을 만나며 알게 된 성차별이 가장 인상적이었어요. 생각해 보니 요즘도 텔레비전을 보면 성차별에 관한 뉴스가 많이 나오는 것 같아요."

레비도 곰곰이 생각하다가 덧붙였어요.

"저는 지역 차별이요. 태어난 곳에 따라 불이익을 받다니, 그건 자신의 선택이 아니어서 정말 억울할 것 같아요."

"모두 잘 기억하고 있구나. 그 외에도 수많은 차별들이 우리 사회에 아직 존재하고 있지."

그때 레비가 무언가 생각난 듯이 손뼉을 치며 말했어요.

"박사님! 그러고 보니 지금은 신분 제도가 없잖아요. 그럼 신분에 따른 차별은 없어진 거 아닌가요?"

레비의 질문에 나천재 박사님이 대답했어요.

"글쎄. 신분 제도가 없어진 건 맞지만 다른 형태의 위계질서가 생기면서 그에 따른 차별이 또다시 문제가 되고 있단다. 예를 들면 경제력의 차이라든가 회사 직책의 상하 관계에서 오는 차별이지. 이건 과거의 신분 차별과 비슷하다고 볼 수 있어. 그러면 인종 차별에 대해 먼저 얘기해 볼까? 지상이와 경수는 인종 차별을 경험하거나 직접 본 적이 있니?"

지상이와 경수는 서로를 바라보며 과거의 일들을 떠올려 보았어요. 조금 뒤 경수가 이마를 탁 치며 말했어요.

"아! 다른 반에 민국이라는 아이가 있는데요, 베트남에서 왔어요. 그래서 피부가 좀 까맣고 외모도 달라요. 그래서 애들이 종종 쌀국수라고 불러요."

"맞다. 그러고 보니 켈리라는 아이도 있어요! 켈리는 부모님이 백인이라서 피부가 뽀얗고 눈동자가 푸른색이에요. 그래서 친구들이 그런 켈리를 인형 같다며 부러워했어요."

"둘 다 외국인인데 한 명은 놀리고 한 명은 부러워하다니 대체 왜 그런 거야?"

레비가 이상하다는 듯이 고개를 갸웃거리며 물었어요.

그러자 지상이와 경수가 선뜻 대답하지 못하고 우물거렸어요.

"음……, 그야 백인이 더……."

"사람들이 백인처럼 하얀 얼굴을 더 좋아하니까? 그래서 피부를 하얗게 만들려고 비싼 화장품을 열심히 바르잖아."

레비가 거침없이 말하자, 지상이와 경수는 어쩐지 부끄러운 생각이 들어 말없이 고개를 주억거렸어요.

"그게 바로 인종 차별이었어……."

경수가 혼잣말처럼 중얼거리자 나천재 박사님이 말했어요.

"그래. 흑인은 기피하면서 백인은 무조건 동경하는 것도 인종 차별이란다. 사실 우리는 단일 민족이라는 것을 꽤 자랑스러워 해. 그래서 나와 조금 다르게 생긴 외국인, 혼혈인에 대해 굉장히 민감한 편이란다. 몇 년 전, 스웨덴에서 발표한 나라별 인종 차별 지수에서도 우리나라가 최하위권을 차지했었지. 이건 정말 부끄러운 일이란다."

"그러고 보니 예전에 코미디 프로그램에서 개그맨이 흑인으로 분장해 논란이 됐던 적이 있었어요!"

"그래, 그때도 인종 차별이라는 입장과 그냥 분장일 뿐이라는 입장으로 팽팽히 나뉘었단다. 심지어 과거에 한 예능 프로그램에서는 게임에서 지면 벌칙으로 흑인 분장을 하게 했었어. 그만큼 우리나라는 아직도 인종 차별에 대한 인식이 부족한 것 같아. 백인이 동양인을 무시하면 곧장 발끈하면서, 정작 우리가 흑인이나 동남아시아 사람을 무시한 것에는 문제의식이 없는 경우가 많지."

"정말 그런 것 같아요. 우리 할아버지는 외국인 노동자들을 만나면 위험하다고 피하라는 말까지 했어요."

"외국인 노동자들이 우리 말이 서툴고 후진국에서 왔다고 무시하는 것도 인종 차별 중 하나란다."

그때 지상이가 한 가지 질문을 했어요.

"박사님, 궁금한 게 있는데요. 흑형 같은 말은요? 흑인들을 친근하게 부르는 말일 뿐 비하하는 건 아니지 않나요?"

"지상이가 적절한 예를 잘 들어 주었다. 비하의 의도가 없더라도 상대방이 불쾌하게 느낀다면 조심해야지. 백인이 동양인에게 황형이라고 부르면 기분이 어떨 것 같아? 비하가 아니더라도 황색 피부를 굳이 지적하는 태도가 불쾌할 수 있지. 이렇게 혐오나 비하와는 다른 방식으로도 차별이 생겨날 수 있단다. 재미를

인종 차별에 둔감한 대한민국

우리나라는 일본, 폴란드, 덴마크 등과 함께 세계적으로도 인종 다양성이 적은 국가예요. 우리나라는 어릴 때부터 단일 민족 국가라는 점을 교육받으며 민족주의를 중시해 왔어요. 민족주의는 국민들을 단합하게 하고 동질성을 만들어 주긴 하지만, 반대로 다른 인종이나 집단을 배척하게 만드는 요인이 되기도 하지요. 그래서 대중교통을 이용할 때 외국인들의 옆자리가 비워져 있는 경우도 많고, 부끄럽지만 그들에게 반말을 하거나 폭언을 일삼는 사람들도 있어요. 이러한 민족주의는 외국인에 대한 차별일 뿐만 아니라, 외국인과 결혼하여 탄생한 다문화 가정도 차별하게 만들지요. 우리나라는 경제력과 수준 높은 국민의식에 비해 인권에 대한 인식은 매우 낮은 수준이라고 할 수 있어요. 따라서 민족주의의 틀에서 벗어나 다양한 사람들을 차별 없이 대할 수 있도록 노력해야 해요.

위해 또는 칭찬의 의미로 말했다는 논리가 인정되는 순간, 세상의 모든 차별은 합리화될 수밖에 없겠지."

"최근에는 성차별과 관련된 뉴스도 많이 나오고 있어요."

"맞아요. 여혐, 남혐 같은 혐오 범죄가 큰 이슈가 되었지요."

지상이와 경수의 말에 나천재 박사님이 고개를 끄덕였어요.

"그래, 근래 가장 많이 거론되고 있는 주제란다. 여성 인권 보호에 대한 목소리가 전 세계적으로 커지고 있지. 하지만 우리나라는 유교 사회 때부터 이어져 온 가부장적인 문화로 인해 많은 여성들이 부당한 대우를 받았고, 안타깝지만 여전히 고통받고 있는 경우도 있단다."

"허난설헌의 예가 조선 시대만의 이야기는 아니네요."

"너희들 혹시 '유리천장'이라는 말을 들어 본 적 있니?"

나천재 박사님이 아이들에게 물었어요.

"유리로 된 천장인가?"

"하하하. 그게 아니라 '눈에 보이지 않는 장벽'을 뜻하는 말이란다. 회사 내에서 여성들의 고위직 승진을 막는 부당한 관행이나 문화를 말하지. 여성들은 지금도 남성 중심의 문화 속에서 승진에 제약을 받거나 같은 직급인데도 남자보다 월급이 적은 등 부당한 대우를 받고 있단다."

"단지 여성이라는 이유로 그런 불이익을 받다니 너무해요."

"특히 여직원이 임신하는 경우 사표를 쓰도록 압력을 넣는 회사도 여전히 많단다. 유리천장도 문제지만 이렇게 원치 않는 경력 단절 때문에 여성 고위직의 비율이 낮은 거야."

"유리천장과 경력 단절을 빨리 없애야겠네요!"

"그래서 요즘 많은 기업들이 여성 직원들의 복지에 신경 쓰고 있단다. 회사 내에 어린이집을 설치하고 육아 휴직을 보장하는 등 다양한 방법으로 여성 인권 보장에 힘쓰고 있지. 이러한 변화가 사회 전반에 걸쳐 점차 확대된다면 성차별 없는 사회도 곧 실현되지 않겠니?"

4장 차별을 없애기 위한 노력

그러자 경수가 시무룩한 얼굴로 말했어요.

"박사님, 그러고 보니 저도 성차별을 당했어요. 선생님이 저보고 여자애들은 축구를 하다 다칠 수 있으니 안 된다고 하셨거든요. 그건 분명 성차별이었다고요!"

"그래, 맞다. 게다가 과거에는 부모가 아들을 선호하는 경우가 많아서 딸들이 차별받는 일이 허다했지. 하지만 남자도 예외는 아니란다. 힘들고 궂은 일은 남자가 해야 한다는 사회적 시선도 있고, 남자가 집안을 이끌어야 한다는 책임감에 시달리기도 했단다. 남자는 눈물을 흘려서는 안 되고, 대범하고 용감해야 한다는 성역할에 대한 고정 관념도 여전히 존재하고 있고. 얼마 전까지만 해도 남성이 전업주부로 살림을 하면 무능력하게 보았었어. 그런 예만 봐도 남성과 여성 모두 뿌리 깊은 편견을 떠안고 살아온 셈이지."

"성차별이 무서운 건 우리가 언제든 피해자가 될 수 있고 가해자도 될 수 있다는 거예요."

"그래, 성차별은 모두가 피해자일 수 있단다. 남성과 여성은 서로 다르지만 함께 어울려 살아가야 하는 필연적 공동체이기 때문에 서로 다름을 인정하고 존중해야 해. 그런데 요즘 성차별 문제가 자꾸만 성 대결 구도로 변질되어서 몹시 안타깝구나. 서로의 잘잘못을 따질 게 아니라 성차별 문화와 제도를 없애기 위해 노력해야 한단다."

💬 차별을 법으로 막을 수 없을까?

"박사님, 궁금한 게 있어요. 누군가를 때리거나 물건을 훔치면 벌을 받잖아요. 그러면 차별에 관한 법을 만들어서 차별 행동을 할 때도 벌을 받게 하면 어때요?"

지상이가 나천재 박사님에게 물었어요.

"지상이 말이 맞네? 지금은 차별한다고 벌을 받진 않잖아."

경수와 레비가 고개를 끄덕이며 지상이 의견에 찬성하는 표정을 지었어요.

"지상이가 정말 좋은 질문을 해 줬구나!"

지상이는 박사님에게 생각지도 못한 칭찬을 받자 머리를 긁적이며 쑥스러워했어요.

"차별 금지법이 있긴 하단다. 정치·경제·사회·문화를 포함한 모든 분야에서 합리적인 이유가 없는 차별은 법적으로 금지하고 있지."

"그런데 왜 처벌받는 사람이 없어요? 일상 속에서 수많은 차별이 벌어지고 있는데 말이에요."

경수가 몹시 이상하다는 듯이 물었어요.

"우리나라에는 아직 차별 금지법이 없단다. 외국에만 있지."

"우리나라에는 왜 없는데요?"

"과연 효과가 있을지 의견이 분분하고 특정 집단이 반대하고 있어서 아직 만들어지지 않았어. 실은 국제연합기구 유엔이 2007년부터 지속적으로 우리나라에 차별 금지법을 만들라고 권고하고 있단다. 그래서 2007년, 2010년, 2012년에 차별 금지법 입법이 논의되었는데 계속 무산되었지."

"왜요? 차별은 없어져야 하는 게 맞잖아요."

"가장 큰 이유는 종교계의 반대 때문이란다. 차별 금지법에는 성소수자에 대한 차별 금지도 포함되어 있는데, 문제는 일부 종교계에서 교리에 따라 성소수자의 권리는 물론 존재 자체를 인정하지 않고 있어. 그렇다고 성소수자를 차별 금지법에서 빼자니 그거야말로 차별 금지법의 취지에 어긋나지. 그래서 세 차례나 입법에 실패했어."

"아, 그렇구나. 어쨌든 누구도 차별받아선 안 되는 건데……."

"모두가 존중받는 세상을 만들기 위해 필요한 법인데 이렇게 계속 늦춰지니 씁쓸하구나."

"다른 나라 상황은 어떤가요?"

"유럽연합(EU) 같은 경우는 연합 가입 조건으로 차별 금지법 제정을 요구하고 있단다. 인권 후진국의 가입을 막기 위해서지. 또 일본 오사카에는 헤이트 스피치(차별 발언)에 대한 규제 법안이 있단다. 다른 나라의 차별 금지법들은 개인의 생각이나 발언을 막지 못하는데, 오사카에서는 2019년에 첫 처벌 대상자가 나올 만큼 의미 있는 법안으로 자리 잡았단다."

"그럼 우리나라는 차별받더라도 하소연할 데가 없네요?"

"물론 우리나라에도 개별적인 차별 금지법은 있단다. 장애인 차별과 성차별을 금지하는 법이 있고, 국가인권위원회법도 있어. 하지만 그 이외의 차별은 법적 명시가 없어서 포괄적인 차별 금지법이 필요하다는 거지. 장애인 차별 금지법의 경우 2007년에 제정된 후 국가인권위원회에 장애인 차별에 관한 진정이 크게 늘었단다. 이를 통해 그동안 장애인들이 참고 넘겼던 수많은 차별들을 고쳐 나갈 수 있게 되었지. 또 우리가 모르고 있던 차별을 알려 주는 역할도 했단다. 차별 금지법이 생긴다고 차별이 완전히 사라지진 않겠지만 피해자들이 보호받고 항변할 권리를 갖게 된다는 데 의의가 있지."

"삐삐! 차별을 없애는 방법 저장 완료."

타임머신 컴퓨터에 지금까지 수집한 모든 정보와 차별을 없애는 방법이 저장되었다는 메시지가 떴어요. 레비는 마지막으로 타임머신의 연료를 점검하고 정비를 마친 후, 지상이와 경수 앞에 섰어요.

"얘들아, 너희 덕분에 정말 많은 것을 배웠어. 고마워! 이제 동물 행성으로 돌아가 내가 배운 것을 꼭 알릴 거야."

"레비, 동물 행성의 평화를 되찾을 방법을 찾아서 정말 다행이야. 행운을 빌게."

경수가 레비를 꼭 안으며 응원해 주었어요.

"레비, 또 만날 수 있는 거지……?"

지상이는 눈물을 글썽이며 레비와의 작별을 아쉬워했어요. 레비도 어느새 눈시울이 붉어졌지요.

"동물 행성으로 돌아갈 정도의 연료밖에 안 남아서, 나영재 박사님이 연료를 다시 만들려면 시간이 조금 걸릴 거야. 또 우리 행성의 차별 문제도 해결해야 하고……."

레비가 아쉬운 표정으로 대답하자, 지상이가 환하게 웃으며 큰소리로 말했어요.

"우리가 나천재 박사님을 도와 타임머신을 만들게! 레비가 오기 힘들면 우리가 가면 되지!"

"그러면 되겠네! 박사님, 저희가 열심히 공부해서 타임머신 만드는 걸 도와드릴게요."

아이들의 말에 나천재 박사님은 말없이 빙그레 웃었어요.

"자, 이제 그만 레비를 보내 줘야겠구나. 우리는 곧 다시 만날 수 있을 거야."

레비는 타임머신 창을 통해 지상이와 경수, 나천재 박사님에게 손을 흔들며 마지막 인사를 건넸어요. 조금 뒤 타임머신에서 밝은 빛이 뿜어져 나오더니 처음 나타났을 때처럼 엄청난 굉음을 내며 순식간에 사라졌어요.

"레비, 잘 가! 꼭 다시 만나자!"

지상이와 경수는 시무룩한 얼굴로 한동안 말이 없었지요. 레비와의 작별이 너무나 슬펐어요.

"레비와 함께한 시간 여행은 절대 잊지 못할 거야."

"맞아. 진짜 근사했어……."

"자, 얘들아. 레비는 곧 다시 만날 수 있을 거다. 그러니 얼른 기운 차리자. 그리고 할 일도 아주 많아!"

나천재 박사님이 아이들의 어깨를 토닥였어요.

"박사님, 우리가 할 일이 뭔데요?"

경수의 물음에 지상이가 설레발을 쳤어요.

"혹시 타임머신을 만드는 건가?"

그러자 나천재 박사님이 하하하 웃고는 말했어요.

"아니! 우리도 시간 여행을 통해 배운 걸 실천해야지!"

"아차, 우리가 왜 시간 여행을 했는지 그새 까먹고 있었어."

"그래, 학교에서 겪었던 차별 때문에 속상해하고 있었지?"

"사실 우리가 사는 지구도 차별 투성이지. 우리도 레비처럼 차별을 없애기 위해 작은 것부터 실천해 보자."

"음, 뭐부터 해야 하지?"

"우리 주변에 있는 차별부터 차근차근 없애 나가면 되지!"

지상이의 말에 경수의 눈이 초롱초롱 빛나기 시작했어요. 둘은 손을 높이 들고 하이파이브를 했어요.

4장 차별을 없애기 위한 노력

인권 선진국으로 나아가기 위한
차별 금지법

차별 금지법은 전 세계 수많은 인권 선진국들이 이미 제정한 법이에요. 한국과 일본을 제외한 대부분의 OECD 회원국에는 차별 금지법과 유사한 법이 존재하지요. 법의 범위가 지역마다 다르고 이름도 조금씩 다르지만, 합리적인 이유 없이 차별해서는 안 된다는 기본 원칙은 똑같아요. 차별 금지법이 도입되어 시행되면 이를 계기로 차별에 대해 다시 한번 생각하게 되고 그에 따라 평등에 대한 인식도 높아질 거예요.

네덜란드의 경우 평등 대우법 시행 이후 그 효과를 분석해 보니 차별 금지법이 사회 평등을 진전시켰다는 결과가 나왔답니다. 이처럼 많은 나라들이 포괄적인 차별 금지법을 통해 모든 사람이 동등한 대우를 받을 수 있도록 노력하고 있어요.

반면 우리나라는 국가인권위원회에서 2003년부터 차별 금지법을 제정하기 위해 논의를 시작했지만, 아직까지도 계속 논쟁을 이어 오고 있어요. 유엔에서는 2007년부터 우리나라에 차별 금지법을 제정할 것을 권고하고 있으나 기업과 종교계의 반발로 인해 계속 입법되지 못하였지요. 다행히 최근 들어 다양한 차별로 인한 갈등과 이와 관련한 범죄가 증가하자 차별 금지법의 필요성과 관심이 날로 증가하는 추세예요. 모든 사람이 차별받지 않는 사회를 만들기 위해서는 양보와 합의를 통해 하루라도 빨리 인권 선진국 수준의 차별 금지법을 만들어야 해요.

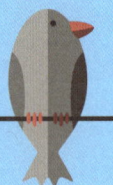

세계 각국의 차별 금지법	
영국	평등법
미국	민권법
독일	일반 평등 대우법
네덜란드	평등 대우법
캐나다	인권법
호주	차별 금지법

토론왕 되기

말로 한 차별도 처벌받아야 할까?

지상아, 경수야! 차별의 의미가 담긴 말도 법적으로 처벌할 수 있을까?

음……, 말로만 하는 건 피해를 준 게 아니니까 처벌은 힘들지 않을까?

무슨 소리! 차별 발언들이 얼마나 많은 피해를 줬는데! 관동 대지진 때 벌어진 조선인 학살은 차별 발언에서 시작된 일이고, 유대인 학살도 유대인에 대한 차별 발언에서 시작된 거야.

헉, 말이 가진 힘이 정말 무섭구나.

차별 발언은 단순히 비하로 끝나는 게 아니라 사람들을 선동하기도 하거든. 그래서 범죄로 이어질 확률이 커.

그럼 혹시 차별 발언을 처벌한 사례도 있어?

유럽연합은 2016년에 소셜미디어, IT 기업과 헤이트 스피치(차별 발언) 금지 협약을 체결했어. 소셜미디어를 통해 차별 발언이 퍼져 나가는 것을 막기 위해서지. 실제로 이슬람 극단주의 무장 세력인 IS는 소셜미디어로 세력을 선전하고 있어.

 아, 맞다! 일본 오사카에서는 2019년에 차별 발언을 법적으로 처벌한 적이 있다고 나천재 박사님이 알려 주셨지?

그렇구나. 사실 나는 차별이 담긴 말일지라도 개인의 생각을 표현하는 건 자유라고 생각했어.

물론 개인의 자유도 중요하지만 적어도 다른 사람에게 상처는 주지 말아야 한다고 생각해.

 경수 네 말이 맞아. 내 자유가 다른 사람의 자유를 해쳐서는 안 돼.

  **나천재 박사님의 한마디**

개개인이 자신의 생각을 자유롭게 표현하고 주장할 권리는 당연히 존중받아야 해. 하지만 그 말이 타인에게 정신적 피해를 주고 나아가 사회에 차별을 조장하는 나쁜 영향을 끼친다면 아주 잘못된 행동이야. 따라서 우리 모두 차별이 담긴 말은 하지 않도록 노력해야 한단다.

퀴즈?

아래는 일상 속에서 자주 쓰이는 단어로 차별의 의미가 담겨 있어요. 보기 중에서 골라 바르게 고쳐 보세요.

보기
의사, 학부모, 비장애인, 중국 동포, 아내, 첫 작품, 언어 장애인, 만물상

1. 처녀작
2. 집사람
3. 조선족
4. 여의사
5. 학부형
6. 정상인
7. 잡상인
8. 벙어리

정답
① 첫 작품 ② 아내 ③ 중국 동포 ④ 의사 ⑤ 학부모 ⑥ 비장애인 ⑦ 만물상 ⑧ 언어 장애인

5

달라진 우리, 달라질 우리!

💬 더는 참지 않을 거야

딩동댕동!

점심시간을 알리는 종이 울리자, 지상이는 점심을 다 먹은 뒤 어제와 마찬가지로 가방에서 보석 십자수를 꺼냈어요. 그런데 짝꿍 은혜도 가방에서 보석 십자수를 꺼냈어요.

"지상아! 어제 네가 보석 십자수 하는 거 보고 재미있어 보여서 나도 샀어!"

"맞아, 정말 재밌어. 은혜 너는 무슨 그림이야?"

지상이와 은혜는 서로에게 자신이 만든 보석 십자수를 보여 주며 즐겁게 이야기를 나누었어요. 그러자 어제 지상이를 놀리던 남자아이가 또다시 시비를 걸어 왔어요.

"야! 한지상! 또 보석 십자수냐? 대체 여자애들이나 하는 걸 왜 자꾸 가져오는 거야?"

어느덧 남자아이들 모두가 지상이를 쳐다보며 낄낄대고 비웃기 시작했어요. 하지만 지상이는 표정 하나 바뀌지 않고 차분히 말했어요.

"이게 왜 여자애들이나 하는 거야?"

"응? 십자수는 원래 여자애들이나 하는 거라고!"

"그걸 누가 정했는데?"

지상이가 어제와 달리 날카롭게 쏘아붙이자 남자아이의 얼굴에 당황한 빛이 역력했어요.

"뭐? 정하긴 누가 정해. 십자수는 원래부터……."

"그러니까 십자수는 원래 여자들이 하는 거라고 누가 그랬냐고. 남자는 왜 하면 안 되는데? 이유를 정확히 말해 봐."

지상이의 당당한 태도에 반 친구들이 술렁대기 시작했어요.

"우리 아빠가 그러는데, 남자와 여자는 원래 하는 일이 따로 있댔어. 집안일이나 요리는 엄마가 하는 거고 돈 벌고 힘쓰는 일은 남자가 하는 거라고."

남자아이는 얼굴이 벌게지긴 했지만 물러서지 않고 끝까지 우겼어요.

"그러면 세계적인 요리사들 중에 남자가 많은 이유는 뭐야? 회사에 나가는 워킹맘 엄마들은 뭐고? 우리 담임 선생님도 여자니까 집에서 요리나 해야겠네? 아, 교장 선생님도 여자지?"

5장 달라진 우리, 달라질 우리!

"음, 그러니까……."

남자아이는 말문이 턱 막혀 아무말도 못 했어요. 곧이어 지상이는 시간 여행에서 배운 것을 큰 소리로 씩씩하게 말했어요.

"누구나 자신이 원하는 일을 할 수 있는 거야. 남자만 할 수 있는 일, 여자만 할 수 있는 일 같은 건 없어. 그건 차별이라고!"

"그게 차별인가?"

어느새 주위에 모여든 아이들이 차별이란 말에 고개를 갸우뚱대며 수군거렸어요.

지상이는 아이들을 둘러보며 큰 소리로 말했어요.

"차별은 남들과 다르다는 이유로 불이익을 받는 거야. 남자라는 이유로 십자수를 못 하게 하는 것도 차별이고 여자라는 이유로 로봇 장난감을 사지 못하게 하는 것도 차별이야."

그러자 모두 지상이의 말에 고개를 끄덕였어요.

"사실은 나도 엘사가 나오는 〈겨울왕국〉 좋아해. 재밌잖아!"

아까 지상이를 놀리던 한 아이가 쭈뼛대며 얘기했어요.

"나도 오빠랑 같이 로봇 만화 보는 게 좋아!"

다른 여자아이가 당당하게 말했어요.

"나는 사실 귀여운 인형을 좋아해서 틈틈이 용돈을 모아 인형을 사고 있어."

"나는 분홍색이 좋은데 친구들이 놀릴까 봐 입지 못했어."

어느새 아이들은 자신의 이야기를 하나씩 털어놓았어요.

"지상이 말이 맞아. 우리가 정말로 원하는 건데 다른 사람의 시선이나 고정 관념 때문에 못 하는 건 말이 안 돼."

그러자 맨 처음 지상이를 놀렸던 남자아이가 겸연쩍은 듯이 머리를 긁적이며 자기 자리로 돌아갔어요. 지상이는 아이들이 자신을 이해해 주어 기분이 좋았어요. 또한 자신이 차별에 대해 새롭게 깨닫게 해 준 것 같아 뿌듯했지요.

그 시각, 경수네 반은 체육 시간이었어요.

"자, 여자애들은 어제처럼 피구를 하고 남자애들은……."

선생님이 잠시 말을 멈추고 축구 골대 쪽에 서 있는 경수를

5장 달라진 우리, 달라질 우리!

바라보았어요. 경수는 남자아이들 사이에 끼어 팀을 나누고 공수를 정하고 있었지요.

"경수야, 넌 피구를 해야지. 어서 이쪽으로 와라."

선생님이 큰 소리로 부르자, 경수는 부리나케 선생님에게 달려갔어요. 어제처럼 또 피구를 하지 않으려면 자신의 생각을 분명하게 말할 필요가 있었지요.

"선생님, 전 피구가 아니라 축구를 하고 싶어요."

"여자애들은 축구하면 다친다니까. 저기서 피구 하렴, 응?"

"선생님, 그 말씀은 남자애들은 다쳐도 괜찮다는 건가요? 아니면 남자는 여자와 달리 안 다친다는 건가요?"

선생님은 예상치 못한 경수의 태도에 몹시 당황했어요.

"선생님 말은 그런 뜻이 아니라 남자애들은 다쳐서 상처가 나더라도 괜찮지만 여자애들은 흉터라도 지면 큰일이잖니."

"다 똑같은 사람인데 왜 누구는 상처가 나도 괜찮고 누구는 상처가 나면 큰일인 거예요?"

"맞아요. 선생님 저도 축구 하다 다치면 엄마한테 혼나요!"

"누구든 다치면 안 돼요!"

어느새 경수 옆으로 다가온 남자아이들이 경수 편을 들어 주며 자신의 의견을 말하기 시작했어요.

"선생님, 무엇보다 경수가 우리 중에서 축구를 제일 잘해요! 경수랑 같이 뛰고 싶어요."

"그리고……, 축구 하기 싫은 남자애들도 있어요!"

아이들의 목소리가 점점 커지자 선생님은 진지하게 아이들의 이야기에 귀를 기울여 주었어요.

"너희가 그런 마음인 줄 몰랐어. 좋아, 그럼 다 같이 모여서 축구 하고 싶은 사람과 피구 하고 싶은 사람을 나눠 보자."

경수와 아이들은 한목소리로 환호성을 질렀어요.

경수는 해맑게 웃으며 축구공을 들고 달려갔지요.

💬 다시 만난 레비

 그로부터 일주일 뒤, 지상이와 경수는 나천재 박사님 연구실에 들렀어요. 나천재 박사님은 책상에 앉아 무언가를 골똘히 연구하고 있었어요. 너무 집중한 나머지 지상이와 경수가 온 것도 몰랐지요. 그런 박사님을 보니 지상이와 경수는 박사님을 놀래 주고 싶어졌어요. 둘은 살금살금 박사님의 뒤로 다가가 꽥 소리를 질렀어요.

"박사님!!!"

"아이고, 깜짝이야!"

둘은 박사님의 놀란 표정을 보고 깔깔 웃어 댔어요.

"이 녀석들! 언제 왔니?"

"방금이요! 박사님, 뭐 하고 계셨어요?"

지상이가 박사님의 책상을 유심히 살펴보니 레비가 타고 왔던 타임머신과 비슷한 기계의 설계도가 놓여 있었어요.

"우아! 타임머신 설계도네요."

"그래, 일주일 밤을 꼬박 새워서 기초 시스템을 완성했단다. 하지만 아직 가야 할 길이 멀어. 타임머신의 외관 재료와 연료를 개발해야 하거든. 시간이 얼마나 걸릴지 모르겠구나. 그 전에 이 시스템을 한번 확인해 보겠니?"

나천재 박사님은 큰 모니터가 달린 기계에 무언가를 입력했어요. 그러자 모니터 화면에 레비의 얼굴이 나타났어요.

"앗, 레비!"

지상이와 경수는 레비의 이름을 반갑게 불렀어요. 레비도 지상이과 경수를 발견하고는 함박웃음을 지었지요. 그런데 레비 뒤로 수많은 동물들이 줄지어 행진하는 모습이 보였어요. 다들 노래를 부르며 축제를 즐기는 분위기였지요.

"레비야, 너희 동물 행성에 무슨 일 있어?"

"응! 오늘 우리 행성에서 큰 축제가 열렸어! 사자 대통령께서 차별 금지법을 선포했거든! 덕분에 이제 모든 동물들이 차별 없는 세상에서 함께 어우러져 살 수 있게 되었어!"

"와! 정말 잘됐다!"

"다 너희 덕분이야. 내가 너희들과 함께 모은 자료를 사자 대통령께 드렸더니 그간 우리 동물 행성에서 벌어졌던 차별에 대해 깊이 깨닫고 미안해하셨지. 그리고 어떤 동물도 더는 차별받지 않도록 하겠다고 약속하셨어."

"우리가 도움이 되었다니 정말 기쁘다! 우리도 너와 함께 여행하면서 차별에 대해 많은 것을 배울 수 있었어."

"그런데 너희도 뭔가 좋은 일이 있었던 것 같은데?"

"응! 학교 친구들에게 차별에 대해 좀 알려 줬지."

"친구들이 차별에 대해 알게 되자 작은 변화가 있었어."

지상이와 경수는 신이 나서 레비와 이야기꽃을 피웠어요. 어느새 저녁 어스름이 골목에 내려앉았지만 셋의 이야기는 끝날 줄 몰랐답니다.

예술 작품 속에 담긴 차별

영화 〈슈팅 라이크 베컴〉
(원제: Bend It Like Beckham)

인도 출신 소녀 제스가 축구의 본고장 영국에서 여자 축구선수에 도전하는 이야기예요. 제스는 인종 차별, 성차별의 장벽 앞에 번번이 좌절하지만 자신의 꿈을 끝까지 포기하지 않고 노력하는 모습을 보여 주어요. 여러분도 살면서 분명 차별의 벽에 부딪힐 때가 있을 거예요. 그럴 때마다 제스를 떠올리며 자신의 꿈을 향해 당당히 걸어가길 바랄게요.

검은 피카소 **장 미셸 바스키아**

1960년 뉴욕 브루클린에서 태어난 바스키아는 천재적인 그래피티 예술가예요. 지하철, 길거리 등의 지저분한 낙서를 예술로 승화시켰다는 평가를 받고 있지요. 백인이 주류를 이루던 예술계에 처음 등장한 흑인 예술가로서 많은 어려움이 있었지만, 바스키아는 작품 속에 자신만의 길을 개척한 흑인과 히스패닉 영웅들을 그려 독특한 회화 세계를 구축했어요.

그리고 이들 머리 위에 왕관도 그려 넣었는데, 이는 인물에 대한 존경과 찬미를 담은 것이라고 해요. 바스키아의 작품들은 언뜻 낙서처럼 보이기도 하지만, 인종 차별에 대한 반항과 고민, 독창적인 세계관이 잘 담겨 있답니다.

흑백 차별에 맞선 작가 **하퍼 리**

1960년에 출간된 세계적인 명작 『앵무새 죽이기』는 흑백 차별이 팽배했던 1930년대 미국의 한 마을에서 흑인 청년이 백인 여성을 폭행했다는 누명을 쓰자, 백인 변호사 애티커스가 주변의 위협과 손가락질을 무릅쓰고 그를 변호하는 이야기예요. 하퍼 리는 이 작품을 통해 인간이 가진 '편견'에 대해 끊임없이 질문을 던지고, 정의와 양심, 용기와 신념의 가치에 대해 힘주어 말하고 있어요. 『앵무새 죽이기』는 타인을 편견 없이 있는 그대로 바라보고 마음을 나누어야 한다는 교훈과 큰 감동을 선사하는 작품이랍니다.

토론왕 되기

> 차별을 없애기 위해 우리가 할 수 있는 일은 무얼까?

이젠 차별 없는 세상을 만들어야 한다는 걸 잘 알겠어. 그럼 차별을 없애기 위해 국가나 단체가 아닌 개개인이 당장 할 수 있는 일이 있을까?

 우리가 차별에 대해 공부하기 전에는 차별이 뭔지 제대로 알고 있었어?

음……, 어렴풋이 알고는 있었지만 정확하게는 설명 못 했지.

맞아, 차별인지도 모르고 무심코 지나치는 일들이 많았어. 나중에 돌이켜보면 모두 차별이었는데 말이야.

 그게 우리가 할 수 있는 일 아닐까? 사람들에게 차별의 심각성을 알리고 차별을 차별이라고 정확히 말해 주는 것 말이야.

우리 일상에 깊이 박혀 있는 차별부터 알려 나가자는 거지?

 응, 차별은 보통 편견과 고정 관념에서 생기잖아. 그래서 차별이라는 것을 인지하지 못할 때가 많대.

맞아. 통계청 조사에 따르면 맞벌이 부부들이 가사 분담은 공평하게 해야 한다고 응답한 비율이 2010년에는 36.8퍼센트였던 반면, 2018년에는 59.1퍼센트까지 올라갔대. 그중에 20.2퍼센트는 이미 평등하게 가사 분담을 하고 있다고 했어. 각종 매체를 통해 성평등과 맞벌이 부부의 가사 분담 차별이 자주 보도되면서 사람들이 이 부분에 대해 학습을 한 것 같아.

그렇구나! 많은 사람들에게 차별에 대해 알려서 한국 사회에 깊이 뿌리 내린 차별들을 하나씩 차근차근 없애 나가도록 해야겠다.

 좋은 생각이야!

 나천재 박사님의 한마디

차별을 없앤다고 하니 뭔가 거창한 것 같지만, 어렵게 생각하지 말고 생활 속에서 실천할 수 있는 작은 일부터 찾아보렴. 예를 들면, 환경미화원 아저씨를 보고 '공부 안 하면 저렇게 된다.'라고 말하는 어른에게, '직업으로 사람을 평가하는 것은 잘못이에요.' 하고 당당하게 말하는 거지. 이런 작은 용기와 행동이 차별을 없애는 첫걸음이 될 수 있단다.

 퀴즈?

우리는 차별을 없애기 위해 많은 노력을 하고 있어요. 아래 보기 가운데 차별을 없애기 위한 사회적 노력이 아닌 것을 고르세요.

❶ 입사 지원서에 사진, 성별, 학력 등을 포함한 인적 사항 기입란을 없애는 회사

❷ 아이를 낳은 직원에게 육아 휴직을 보장해 주는 회사

❸ 월급을 제대로 받지 못하는 외국인 노동자들을 돕는 시민 단체

❹ 집안일을 하는 아빠, 운전을 하는 엄마 등 남녀 역할의 평등을 보여 주는 교과서 삽화

❺ 모두가 평등하게 주차할 수 있도록 장애인 전용 주차 구역을 없앤 식당

정답과 해설

❺ 장애인 전용 주차 구역은 신체적 약자인 장애인을 배려하기 위한 사회적 약속으로 장애인 차별이 아니라 평등을 위한 것이에요.

차별에 관한 명언들

법률가도 이발사도 일의 가치에 있어서는 아무 차이가 없다. 러스킨

신 앞에서 우리는 모두 평등하며 똑같이 현명하고 똑같이 어리석다.
아인슈타인

아이를 키울 때 차별하지 말라. 『탈무드』

인간은 우리의 생각과 달리 제도로 평등해질 수 없다.
평등은 신을 사랑하며 인간을 사랑할 때만 가능한 법이기 때문이다.
그리고 이 사랑은 제도로써가 아니라 영혼을 살찌움으로써 얻어질 수 있다.
톨스토이

왕과 제후 그리고 장수와 정승의 씨가 따로 있겠는가.
(사람의 신분은 정해진 것이 아니라 누구나 노력으로 이룰 수 있다.) 『사기』

모든 색은 어둠 속에서 같아진다. 프랜시스 베이컨

조상 중에 노예가 없었던 왕은 없고,
조상 중에 왕이 없었던 노예도 없다. 헬렌 켈러

인간은 평등하다. 그러나 태생이 아닌 미덕이 차이를 만든다. 볼테르

만인은 천리 앞에 평등하다. 라틴 법언

평등은 전쟁을 낳지 않는다. 『플루타르코스 영웅전』

모든 사람은 태어날 때부터 자유롭고 동등한 존엄성과 권리를 가진다.
넬슨 만델라

사람은 품성으로 판단되어야지 피부색으로 판단되어서는 안 된다.
마틴 루터 킹

어려운 용어를 파헤치자!

고정 관념 어떤 사람이나 집단의 마음속에 굳게 자리 잡은 생각을 말해요. 또 어떤 집단에 대한 단순하고 지나치게 일반화된 생각들을 일컫는 말이에요. 이러한 고정 관념들은 성, 인종, 민족, 직업 등 다양한 분야에 팽배해 있으며 뚜렷한 근거 없이 감정적으로 판단하는 경향이 강해요.

노비 과거 우리나라에 존재했던 최하층민이에요. 보통 '종'으로 불렸는데 '노'는 남자 종을, '비'는 여자 종을 뜻해요. 외국의 노예나 농노와 비슷하다고 볼 수 있어요.

미국의 주 미국은 50개의 주로 이루어진 나라예요. 각 주마다 자체적으로 법이 있고 경찰과 군대도 있어요. 이처럼 미국은 모든 주들의 자치권을 존중해 주고 있지요. 그래서 죄를 지은 범인이 해당 주를 벗어나면 그 주의 경찰들은 범인을 쫓지 못해요. 또 어떤 주에서는 불법인 행동이 다른 주에서는 합법인 경우도 있어요. 이러한 일들을 해결하고 관리하기 위해 연방정부가 존재한답니다.

서얼 서얼은 '서자'와 '얼자'를 합친 말로 정부인이 아닌 첩의 자손을 뜻해요. 서자는 양민인 첩의 자손이고 얼자는 천민인 첩의 자손이에요. 서얼은 어머니의 신분이 천하다는 이유로 과거에 응시할 수 없었고 관직에도 오르지 못했어요.

유색 인종 백인을 제외한 다른 인종들을 말해요. 유럽과 미국의 힘이 강대해지고 백인 중심의 사회가 만들어지면서 생겨난 말이에요.

참정권 정치에 직접적 혹은 간접적으로 참여할 수 있는 권리예요. 투표를 할 수 있는 투표권과 내가 후보로 나가 표를 받을 수 있는 피선거권이 대표적인 참정권이에요.

투표 선거를 할 때 지지하는 후보나 의견에 표를 주는 것을 말해요. 우리가 직접 의견을 표현할 수 있는 기본적인 권리지요. 그래서 투표권은 민주주의 국가에서 가장 중요한 권리이기도 해요.

신나는 토론을 위한 맞춤 가이드

차별에 대한 이야기를 재미있게 읽었나요? 이제 차별에 관한 한 박사가 다 되었다고요? 그 전에 마지막 단계인 토론을 잊지 마세요. 토론을 잘하려면 올바른 지식과 다양한 정보, 폭넓은 사고가 바탕이 되어야 해요. 책을 다 읽고 친구 또는 가족과 함께 신나게 토론해 봐요!

잠깐! 토론과 토의는 뭐가 다르지?

토론과 토의는 어떤 문제를 해결하기 위해 다른 사람과 의견을 나누는 일입니다. 하지만 형식이 조금 달라요. 토의는 여러 사람의 다양한 의견을 한데 모아 검토하고 협의하는 것이고, 토론은 논리적인 근거로 상대방을 설득하는 것입니다. 토의는 누군가를 설득하거나 이겨야 하는 것이 아니기 때문에 서로 협력해서 생각의 폭을 넓히고 좋은 결정을 내릴 때 필요해요. 반면 토론은 한 문제를 놓고 찬성과 반대로 나뉘어 서로 대립하는 과정을 거치지요. 넓은 의미에서 토론은 토의까지 포함하는 경우가 많습니다. 토론과 토의 모두 논리적으로 생각의 체계를 세우고, 사고력과 창의성을 높이는 데 도움을 준답니다.

토론의 올바른 자세

말하는 사람
1. 자신의 말이 잘 전달되도록 또박또박 말해요.
2. 바닥이나 책상을 보지 말고 앞을 보고 말해요.
3. 상대방의 주장이 자신의 생각과 달라도 존중해 주어요.
4. 주어진 시간에만 말을 해요.
5. 할 말을 미리 간단히 적어 두면 좋아요.

듣는 사람
1. 상대방이 어떤 이야기를 하는지 집중해서 들어요.
2. 바르고 단정한 자세로 앉아요.
3. 상대방이 말하는 중간에 끼어들지 않아요.
4. 다른 사람과 떠들거나 딴짓을 하지 않아요.
5. 상대방의 말을 적으며 자기 생각과 비교해 봐요.

체계적으로 생각하기
승무원의 현명한 대처

우리는 언제든 차별을 목격하거나 차별의 피해자가 될 수 있어요. 만약 내가 그러한 상황에 처한다면 어떻게 행동해야 할까요? 다음은 브라질의 한 비행기에서 벌어진 인종 차별에 관한 일화예요. 친구들과 함께 읽은 뒤 서로의 생각을 나누어 보아요.

한 백인 여성이 비행기에 탑승했어요. 그런데 자신의 옆자리에 흑인 남성이 앉아 있었어요. 여성은 화가 잔뜩 나서 승무원을 불렀어요.
"무슨 문제라도 있으신가요?"
"보세요. 내 옆자리에 흑인이 있잖아요. 자리를 바꿔 주세요."
백인 여성의 이야기를 들은 승무원이 침착하게 말했어요.
"진정하세요. 지금 빈자리가 없지만 다시 한번 확인해 보겠습니다."
몇 분 뒤 승무원이 돌아왔어요.
"손님, 지금 이코노미석에는 빈자리가 없습니다. 일등석 자리밖에 남아 있지 않네요. 저희 항공사는 보통 특별한 이유가 없는 한 승객들을 이코노미석에서 일등석으로 옮겨 드리지 않습니다. 하지만 지금처럼 저희 항공사 손님이 불쾌한 기분으로 여행하도록 그냥 둘 수는 없습니다."
백인 여성은 승무원이 자신을 일등석으로 옮겨 주는 줄 알고 일어났어요.
그때 승무원이 흑인 남성에게 말했어요.
"손님, 일등석으로 옮겨 드리겠습니다. 짐을 챙겨 주십시오."
백인 여성의 인종 차별적인 행동에 눈살을 찌푸리던 다른 승객들은 승무원과 항공사의 대처에 조용히 박수를 보냈어요.

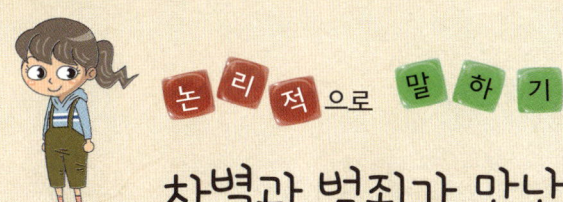

차별과 범죄가 만난다면?

극단적인 차별주의자는 범죄를 저지르기도 해요. 이처럼 차별 대상들을 증오해서 저지르는 범죄를 '증오 범죄'라고 해요. 아래 기사를 읽은 뒤, 차별 때문에 일어나는 증오 범죄에 대해 이야기해 보아요.

미국 텍사스주의 국경 도시인 엘패소의 대형 상점에서 총기 난사로 최소 20명이 숨지는 대형 참사가 발생했다. 이 지역에 밀집해 살고 있는 중남미 출신 이민자들을 겨냥한 증오 범죄일 가능성이 높아, 총기 규제와 인종 차별 등을 둘러싼 논란이 가열되고 있다. (중략) 수사 당국은 증오 범죄 가능성을 염두에 두고 조사를 벌이고 있다. 앨런 서장은 "이 사건은 잠재적인 증오 범죄와 관련이 있다."며 용의자가 작성한 것으로 추정되는 범죄 선언문을 확보했다고 말했다. 경찰은 최종 확인까지 추가 조사가 필요하다고 밝혔으나 일부 매체는 크루시어스가 범행 전 온라인 게시판에 올렸던, 인종주의와 반유대주의 음모론이 가득한 '불편한 진실'이라는 제목의 4쪽짜리 글을 보도했다. 이 글을 보면 '이 공격은 히스패닉의 텍사스 침공에 대한 대응이다. 내가 아니라 그들이 선동자다. 나는 단지 내 나라가 (히스패닉의) 침공으로 문화적, 인종적으로 전환되는 것을 보호하려는 것이다.'라는 내용이 담겨 있었다.

미국뿐 아니라 전 세계적으로 성차별, 인종 차별로 인한 증오 범죄가 날로 늘어나고 있어요. 이러한 증오 범죄를 예방하기 위해 어떻게 해야 할지 사례들을 찾아보고 자신의 의견을 논리적으로 펼쳐 보아요.

창의력 키우기

새롭게 쓰는 신데렐라 이야기

세계적으로 널리 읽히는 명작 동화를 가만히 읽다 보면 그 속에도 수많은 차별이 존재한다는 걸 알 수 있어요. 그럼 우리가 직접 동화를 고쳐서 차별을 없애 보면 어떨까요? 각자 창의력을 발휘하여 나만의 새로운 신데렐라 이야기를 써 보아요.

예시 답안

차별과 범죄가 만난다면?

최근 프랑스에서는 SNS에 증오 콘텐츠를 올리면 인터넷 기업이 24시간 안에 이를 삭제해야 하는 법안이 통과되었다. 이렇게 개인의 힘으로는 막을 수 없는 차별들은 이를 제재할 큰 힘이 필요하다. 정부나 기관이 증오 범죄와 관련된 법과 제도를 만들어 국민들을 증오 범죄로부터 보호하고 범죄자들을 처벌한다면 차별로 인한 범죄를 충분히 예방할 수 있을 것이다.

새롭게 쓰는 신데렐라 이야기

신데렐라는 부모님을 잃고 새엄마와 언니들의 구박을 받으며 살았다. 그러던 어느 날 궁전에서 파티가 열리자 새엄마와 언니들은 신데렐라만 집에 남겨 두고 왕자님을 만나기 위해 궁전으로 갔다. 집안일을 끝낸 신데렐라는 자신 앞에 나타난 요정들의 도움을 공손히 거절하고 파티장이 아닌 자신이 좋아하는 축구 경기를 보러 갔다. 신데렐라는 그곳에서 몰래 궁전을 빠져나온 왕자를 만나게 되었고, 둘은 같은 취미에 대해 이야기하다 서로에게 호감을 가지게 되었다. 둘은 곧 사랑에 빠져 결혼했지만, 신데렐라는 왕비 자리를 거절하고 자신의 오랜 꿈이었던 축구 선수가 되었다.